祭礼で読み解く歴史と社会

春日若宮おん祭の九〇〇年

幡鎌一弘
安田次郎

山川出版社

①鹿島立神影図《かしまだちしんえいず》(南北朝期)　白鹿の背の貴人は武甕槌命《たけみかづちのみこと》。右下のふたりは，鹿島から供をしてきた中臣時風《なかとみのときふう》(左)と中臣秀行《ひでつら》で，春日社司の祖先。

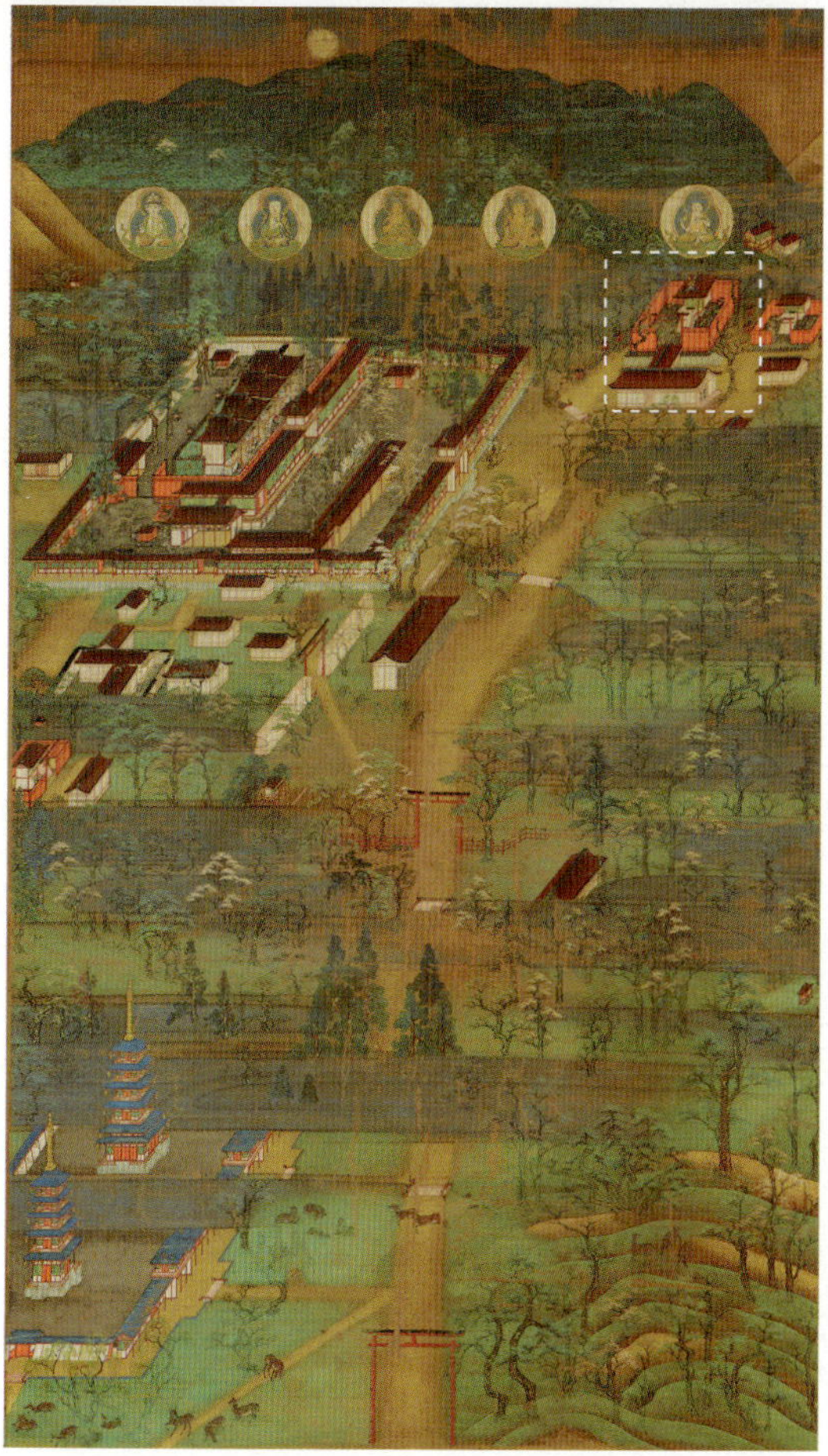

②春日宮曼荼羅《かすがみやまんだら》　鎌倉時代の春日社。上に本社(大宮)と，大きめに若宮《わかみや》社を描く。左下には春日東塔(院御塔)と西塔(殿下御塔)の2基の五重塔。
上図は若宮社の部分拡大図。神楽殿《かぐらでん》内に童子を描き，若宮神の影向《ようごう》(来臨)を示す。

↗に裹頭《かとう》の僧侶が並ぶ(右側が衆徒《しゅと》，左側が学侶《がくりょ》など)。右図の左上の桟敷《さじき》に奈良奉行が着座し，その前を与力が警固する。鳥居の右側に着座するのが郡山《こおりやま》藩の一行である。

④『春日神幸図』2　田楽の一行。刀玉《かたなだま》と，太鼓・編木《びんざさら》による中門口《ちゅうもんぐち》の様子。五色《ごしき》の御幣《ごへい》が鮮やかである。刀玉は小刀３本のジャグリング。編木は現在のものよりかなり短い。

③**『春日神幸図《しんこうず》』3**　本図は17世紀終わりころの様子を反映していると推定される。松の下で猿楽が芸能を奉納するおん祭を象徴する図柄。左図の中央上にあるのが影向《ようごう》の松で，その前に頭屋児《とうやのちご》，左右↗

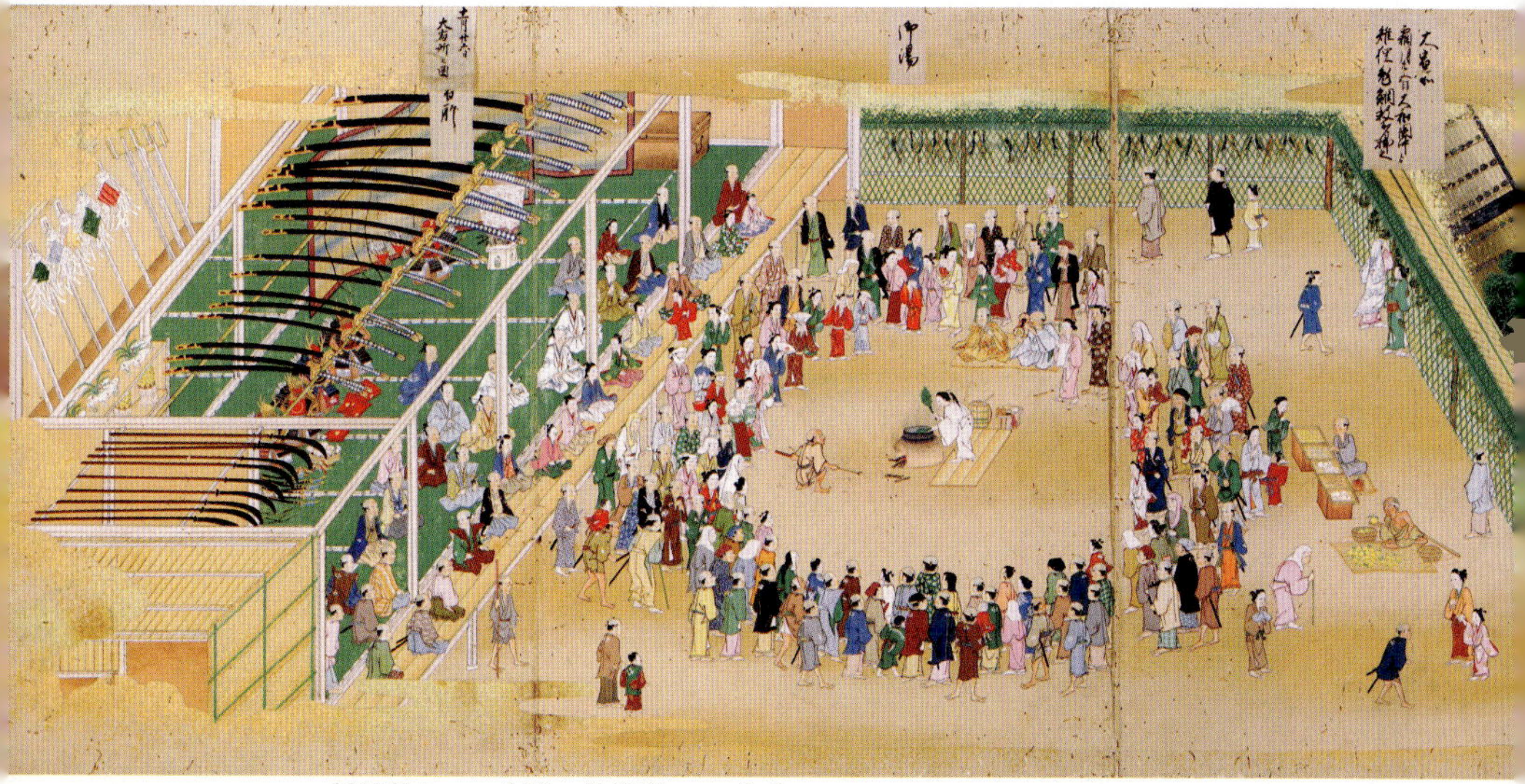

⑤**『春日神幸図』1**　大宿所《おおしゅくしょ》での湯立《ゆたて》。願主人《がんじゅにん》は，神子《みこ》の湯立を大宿所の縁側で座って検知する。右上の小屋には雉，狸，兎などの掛物が下がる。

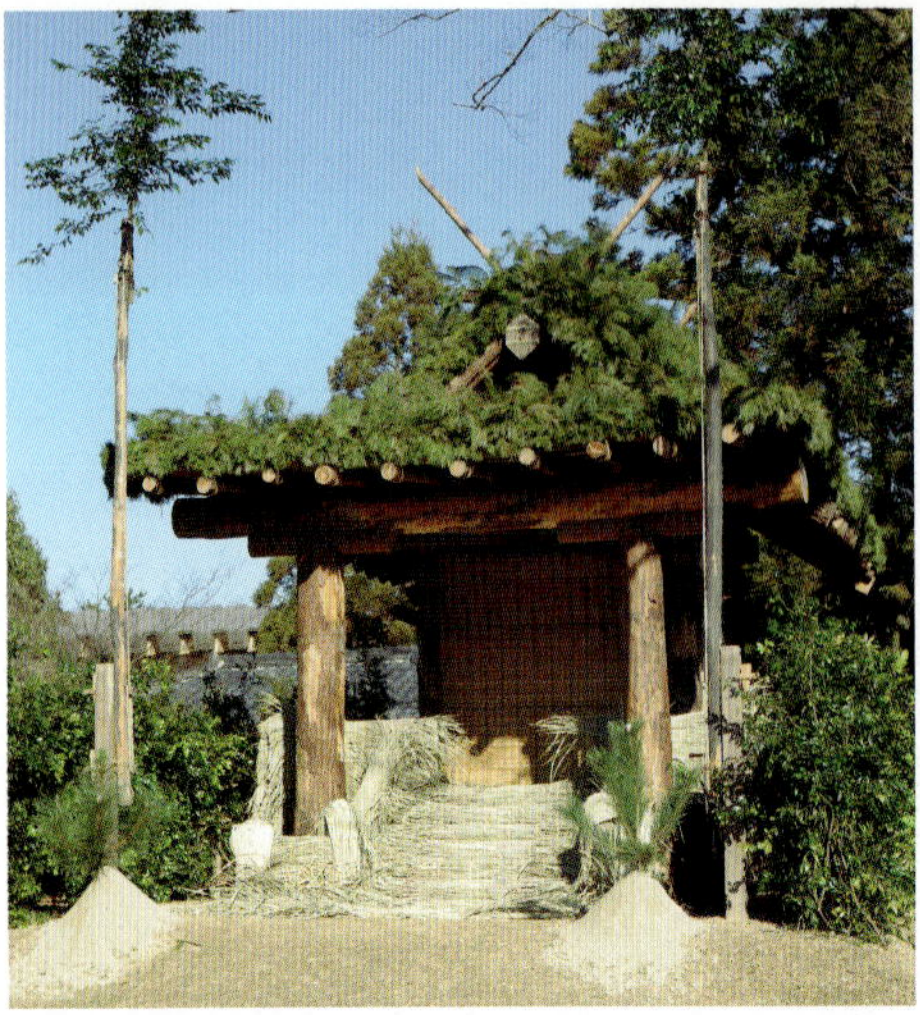

⑦お旅所御殿　皮の付いた黒木を用い，松葉で屋根を葺《ふ》き，御殿の前には立砂《たてすな》をして松枝を立てる。江戸時代までは毎年新しい材木を用いて建てられた。

⑥若宮神社本殿　祭神は天押雲根命《あめのおしくもねのみこと》。春日本社での仮住まいののち，長承4年(1135)2月，現在地に新殿が造営された。

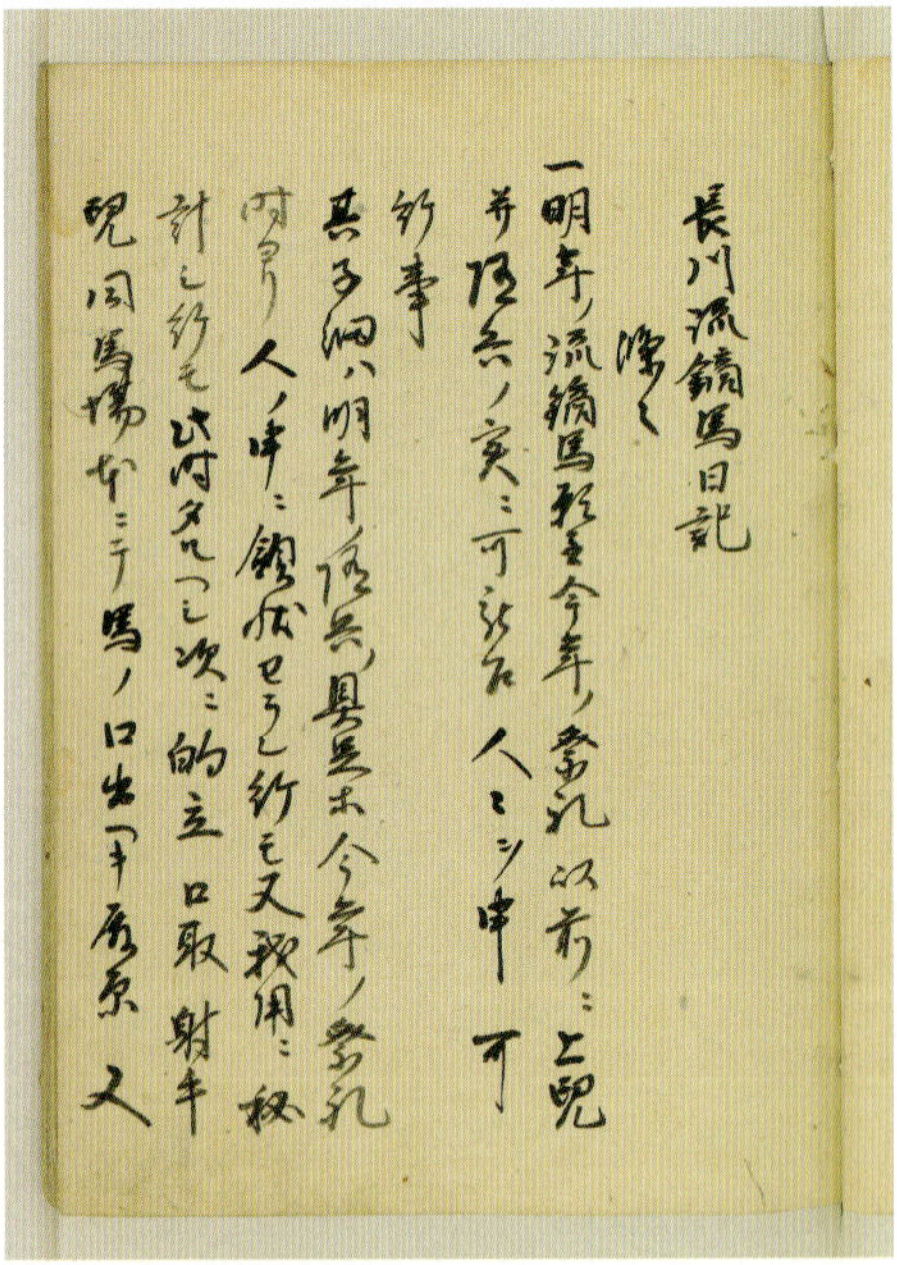
長川流鏑馬日記

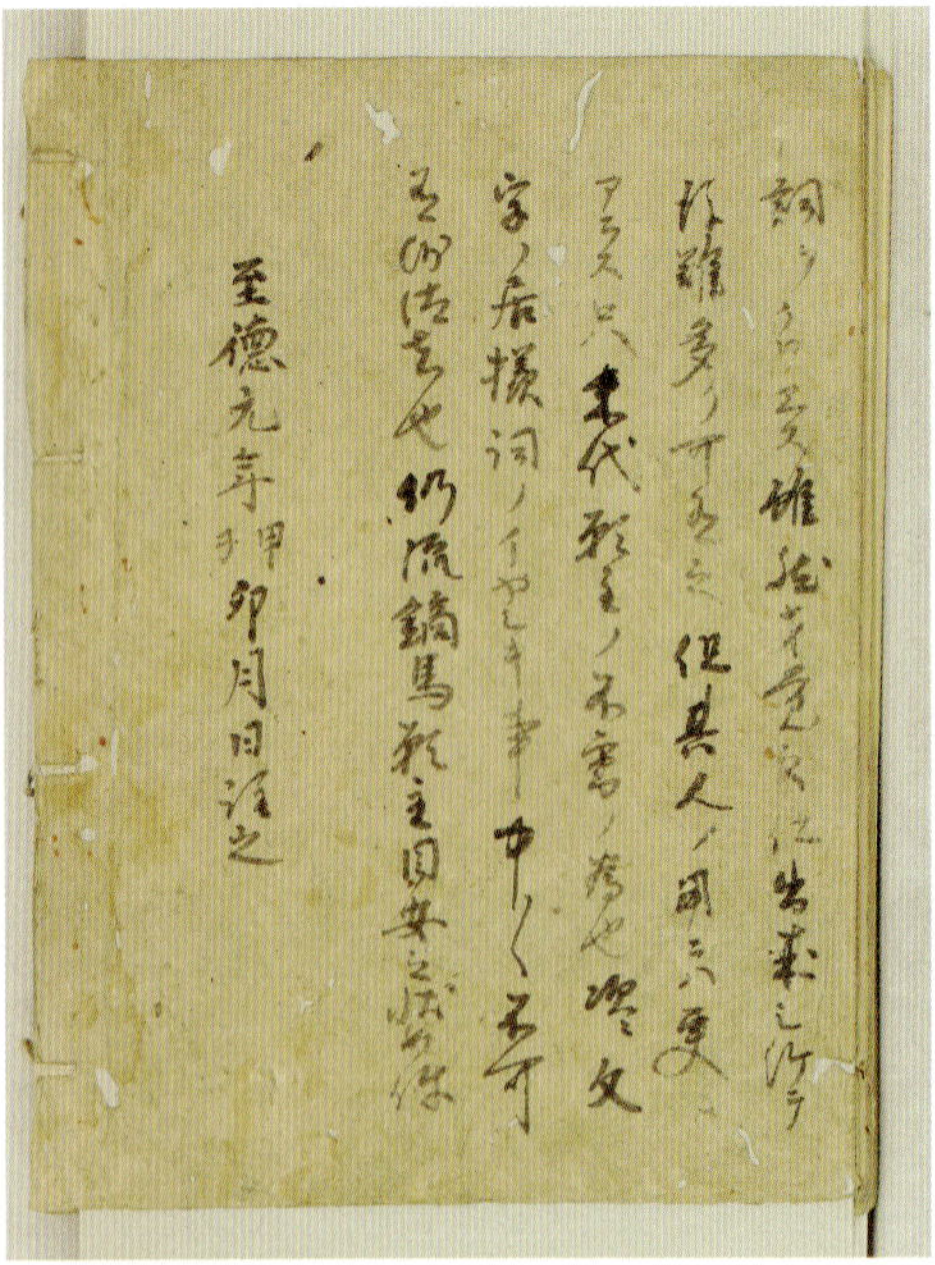
至徳元年甲子卯月日注之

⑧『長川流鏑馬《ながかわやぶさめ》日記』巻頭(右)**・巻末**(左)　長川党がおん祭で流鏑馬を奉仕するときの作法書。至徳元年(1384)成立。現存するのは後世の写本で，15世紀後半成立の『若宮会目録序』(長谷川党作法書）と一冊に綴《と》じられている。

はじめに

毎年暮れの一二月一七日に、奈良ではおん祭《まつり》(春日若宮祭礼《かすがわかみや》)が行われる。午前零時の深夜、すべての光が消されて何もみえないまっくら闇のなかを春日若宮の神は神殿を出てお旅所《たびしょ》(仮神殿)に遷座する。神に従う多数の神官たちは、「おう、おう」という警蹕《けいひつ》の声を発して、たちのよくない鬼神や変化《へんげ》を沿道から追い払う。その声は厳寒の夜空にこだまし、楽人《がくにん》の奏でる慶雲楽《きょううんらく》の調べとかぐわしい薫物《たきもの》のかおりとあいまって、春日の森には厳《おごそ》かとも恐ろしいともいえる一種異様な空気が張りつめる。神仏とは縁遠くなった現代人にも、すぐそばを神が通っていることを実感させる瞬間である。

小一時間の旅ののち、神がお旅所に入るとあかりがつけられ、ぴーんと張りつめていた雰囲気はようやくなごむ。お旅所では海の幸や山の幸、伝統的な方法で調理された神饌《しんせん》が神に供えられ、神楽《かぐら》が奉納される。日が昇って正午ころから市内を練り歩くお渡りの行列は、祭礼の雰囲気をいやがうえにも盛り上げる。お旅所では神に幣《ぬさ》をささげる奉幣《ほうへい》につづいて神楽、東遊《あずまあそび》、競馬、流鏑馬《やぶさめ》、田楽《でんがく》、猿楽、細男《せいのお》、倭舞《やまとまい》、舞楽《ぶがく》などの神事芸能が深夜にいたるまで奉納される。こうして日付が一八日に変わる直前に、お旅所で一昼夜にわたって最高のもてなしを受けた若宮の神は、闇のなかを還城楽《げんじょうらく》に送られて再び神殿へと戻ってゆく。

奈良市の東方に位置する春日山に対しては、古くから素朴な信仰が民間にあった。それを神護景雲二年（七六八）に取り込んで春日社（現春日大社）が成立した。常陸《ひたち》（茨城県）の鹿島《かしま》からは武甕槌命《たけみかづちのみこと》が鹿の背に乗って、下総《しもうさ》（千葉県）の香取《かとり》からは経津主命《ふつぬしのみこと》が、河内《かわち》（大阪府）の枚岡《ひらおか》からは天児屋根命《あめのこやねのみこと》と比売命《ひめのみこと》がやってきた。これら四柱《よはしら》の神々は本社（大宮とも）に祀られた。本社の神々の祭りは春日祭で、毎年二回、藤原氏によって行われた。

それに対しておん祭は、若宮の神（天押雲根命《あめのおしくもねのみこと》）の祭りである。春日若宮神の誕生は本社の神々の鎮座よりずっとあとで、長保五年（一〇〇三）のことである。若宮神は誕生後、独立した自前の神殿に祀られることとなく、一世紀以上も本社の神殿にいわば居候《いそうろう》していた。しかし、保延元年（一一三五）に若宮神の神託《しんたく》があって若宮社が現在の場所に創建された。そしてその翌年の保延二年からおん祭が始められたのである。

本書は、国の重要無形民俗文化財に指定されているこの祭りの歴史を今日にいたるまでたどったものである。それは、つぎのような関心や目的にもとづいてる。

まず第一に、この祭りの通史が今まで書かれることがなかったからである。おん祭には民俗学、芸能史、宗教史など各方面から関心が寄せられてきたが、九〇〇年近くにわたって続けられてきた祭りの歴史を把握することは簡単なことではなく、これまで通史を書く試みはなかった。もちろん、本書でおん祭のすべてが解明できたとまで主張するつもりはないが、中世から現代にいたるまでの概要を示すことができたと思う。

第二に、奈良県（大和国《やまと》）の中世以降の歴史に目を向けてもらうことである。奈良といえば、なんといっても古い時代が注目される。唐古《からこ》・鍵《かぎ》遺跡、卑弥呼《ひみこ》、古墳、飛鳥《あすか》、蘇我《そが》氏、厩戸《うまやと》皇子(聖徳太子)、藤原京、長《なが》屋《や》王、平城京等々、奈良の古代史は日本史そのものとして語られ、よく知られている。ところが、都が山城《やましろ》(京都府)に遷ってからの奈良は、ほとんど見向きもされない。あらためていうまでもないが、平安遷都で奈良の歴史が閉じたわけではない。奈良はその後、個性的できわめて興味深い歴史をたどって今日にいたるのである。おん祭は大和一国あげての祭りであるから、その変遷をたどることによって大和の中世以降の歴史もみえてくる。

第三に、寺院や神社が歴史や社会のなかではたしてきた役割の大きさや重要性を浮き彫りにしたいということである。日本の歴史は、朝廷(公家《くげ》)や幕府(武家)に視点をおき、京都や鎌倉、さらには江戸を中心に叙述されることが多い。しかし、寺院や神社が社会のなかではたしてきた役割は大きく、朝廷や幕府を宗教や文化の面から支えただけでなく、とくに中世では政治的にも経済的にも独自の力を持っていた。大和国では朝廷や幕府が後景に退いている分、寺社の活動や重要性を鮮明にみることができる。

第四に、どの時代でもさまざまな身分や階層の人びとが生きていたことはいうまでもないが、時代をさかのぼればさかのぼるほど、社会や組織のなかで地位の低い人たちの姿はみえにくくなる。しかし、おん祭には、上は摂政・関白から下は名もない庶民まで、さまざまな身分の人が登場する。貴族の日記や朝廷・幕府の公文書などにはあまり登場しない人びとを、祭りという網ですくい上げてみたい。

第五に、消費をみてみたい。人間の活動を生産と消費とに分けると、従来の歴史は圧倒的に生産の歴史だった。農業や手工業など、モノを生み出す過程や社会関係には注目されてきたが、生み出されたモノがどのように消費されるのかには、必ずしも十分な関心が払われてこなかった。消費には生活を支える日常的な安定した消費と、生活・人生を活性化させる非日常的な消費、爆発的な消費がある。祭りの消費は、もちろん爆発的、浪費的な消費である。ここでは人びとの生活にメリハリを与えた非日常的な消費をみてみたい。

おん祭は、中止に追い込まれた年がないわけではないが、すでに触れたように、九世紀近くにわたって連綿として続いてきた。この間、平安、鎌倉、室町、戦国、江戸、明治、大正、昭和という時代が経過した。これらの時代をくぐり抜けて祭りはどのように変わったのか、あるいは何が変わらなかったのか、それはなぜなのか、そんなこともあわせて考えてみたい。

なお、京都の祇園祭《ぎおん》と違い、おん祭にはなじみのない方が多いかと思う。そのような方は、とりあえず第五章に収録した多数の図版をパラパラとご覧になることをお勧めする。一回や二回見に行っただけではとても見切れないおん祭を、江戸時代の木版画などによってざっと概観することができるだろう。そのうえで最初に戻り、ときの流れに沿っておん祭の歴史を追っていただければ全体の把握が容易かと思う。また、本文中で参照した史料は、読者の便宜を考えて、原則としてかな交じりの読み下し文に改めるか、口語に訳すかして示した。

目次

祭礼で読み解く歴史と社会

春日若宮おん祭の九〇〇年

第一章 おん祭の成立

1 藤原忠通の創始か

通説　おん祭《まつり》に関する案内書などには、ほとんど必ずつぎのようにおん祭の始まりについて書かれている。

おん祭は、保延二年(一一三六)に関白藤原忠通《ただみち》が五穀豊穣《ごこくほうじょう》・国民安寧《あんねい》を祈願して始めた。

当時の貴族の日記によると、保延二年の前年や前々年は天候不順のひどい年で、農作物への打撃は大きく、世間には病気もはやった。二年続きの風水害で飢饉《ききん》といってよい状態になった。そのような事態を目の前にして、ときの関白である藤原忠通が藤原氏の神社である春日社で五穀豊穣・国民安寧を祈る祭礼を始めたというのは大変わかりやすい話で、ごく自然に理解できることであろう。政治を司る者、国民の生活に責任ある者として、むしろ当然のことのように思われよう。したがって、忠通がおん祭を始めたということは定説となってほとんど疑われることはなかった。

しかし、おん祭開始に関する文献史料を集めてみると、この説はどうも成り立ちがたいように思われるのである。まずそのことをみていこう。

史料　おん祭開始に関する同時代史料、つまり祭りの開始に際して同じ時代の人が記した史料は二点ある。そのひとつは、内大臣である藤原宗忠《むねただ》の日記『中右記《ちゅうゆうき》』である。宗忠は最後は内大臣のひとつ上の右大臣にまで昇った上級貴族であるが、同時に忠通の家司《けいし》(家の職員)を勤めてその相談相手にもなっており、忠通の身近にいた人物である。『中右記』の保延二年九月一七日条には、「天陰り小雨。春日若宮、祭を始む。今より以後、長く式日《しきじつ》となすの由、仰《おお》せ下さる」とある。一七日の天気は曇りで、小雨が降った。春日若宮が祭りを始めた。以後九月一七日を長く祭りの日とするように忠通が仰せ下された、という意味である。これは、祭りを始めたのは春日若宮、式日を定めたのが忠通と解釈できるだろう。注意してほしいのは、忠通は式日を定めて長くその式日を守るように仰せ下したのであって、祭りを始めたとは書かれていないことである。

しかし、このような解釈や主張に対して、つぎのような反論も可能である。この記事はごく簡単なもので、春日若宮の祭りを始めたと読むことも十分に可能である、そして、祭りにとって重要な式日を定めた忠通を祭りそのものの創始者と解釈することもできる、という反論である。確かにそのように考えることも不可能ではない。そのように反論されればこれ以上は水掛け論になるので、別の史料をみよう。

ふたつ目の同時代史料は、若宮神主《かんぬし》の残した祭礼記である。代々の若宮神主は毎日日記を書いていたようであるが、おん祭のことは毎日の日次記《ひなみき》とは別に記録した。これが「若宮祭礼記」である。貴重な原本の閲覧はできないので写本によるが、おん祭の開始に関してつぎのような記事が残されている。

若宮御初御祭占形《うらかた》幷　長者宣□成

九月以十七日可勤仕由、被　関白長者殿下宣

保延二年也、

（略）

為大衆沙汰、若宮御祭始給事、

保延二年九月十七日始若宮御祭、（以下略）

史料の一部、とくに下のほうがかなり破損して読めないので、全体の正確な意味を取るのは難しいが、ここでも「九月十七日をもって勤仕《ごんし》すべ」しとあり、関白長者殿下（忠通）が命じたのは式日であろうということが読み取れる。

以上のように、同時代史料二点は、いずれも忠通が定めたのは式日と伝えているのである。平安時代のつぎの鎌倉時代にもおん祭開始に関する史料は少しあるが、忠通が始めたとするものはない。

図1　藤原忠通（『天子摂関御影』）

藤原忠通　ところで、藤原忠通（**図1**）といえば保元の乱（一一五六年）で崇徳《すとく》上皇《じょうこう》方の父忠実《ただざね》、弟の頼長《よりなが》と対立して後白河《ごしらかわ》天皇方についた人物であることはよく知られているだろう。保元の乱は、皇位継承問題に摂関家の家督の問題などが絡んで起きた事件である。おん祭が始まったころ、忠通と忠実・頼長の対立はまだ露わになっていないが、やがて激突するこの両者のうち、興福寺《こうふくじ》や春日社に好意的でさまざまな援助を与えていたのは忠実・頼長のほうであった。忠実は、まず永久元年（一一一三）に春日西塔《さいとう》（殿下御塔《でんかのみとう》）を建てた。若宮神殿の建設にも忠実の援助があっただろう。平成一二年（二〇〇〇）の春、若宮の神殿から発見された毛抜形太刀《けぬきかたたち》が一般公開されたが、その奉納者は忠実とみられる。頼長もおん祭には従来からの奉幣《ほうへい》に加えて神馬《じんめ》と乗尻《のりじり》(走り馬)を献じている。

それに対して忠通は、南都《なんと》(興福寺)に対してやや冷淡なところがあった。信仰のあつい忠実に対して忠通は「道心《どうしん》なき子」とさえいわれる。そのような人物がはたして祭りを始めたりするだろうか。

もし忠通がおん祭を始めたとすると、莫大な費用がかかる祭りのために、荘園《しょうえん》を寄進《きしん》するなど何らかの財政的措置を講じたはずである。父の忠実が春日社で唯識会《ゆいしきえ》という行事を始めたり、殿下の塔といわれた春日西塔を建てたりしたとき、春日社には忠実から平田荘《ひらたのしょう》(後述)という大きな荘園が寄付されている。行事の創設と財源の寄進がセットで行われる時代にあって、おん祭の開始に際してこれといった寄進がされていないのは、どうにも解せないのである。

もうひとつ、疑問をあげておこう。それは、保延二年の最初のおん祭での奉幣の順序である。「若宮祭礼記」によると、一番最初に立てられたのが興福寺の別当《べっとう》(長官)である玄覚《げんかく》の御幣、二番目に鳥羽《とば》院妃である藤原泰子《やすこ》の御幣、三番目に忠実の御幣、四番目に頼長の御幣、五番目は崇徳天皇妃の藤原聖子《きよこ》の御幣、そして六番目が忠通の御幣であった。もし忠通が祭りの創始者であれば、こんなに遅い順番は不可解といわねばならない。

このようにみてくると、忠通がおん祭を始めたという定説は、どうも成立しそうもないことがわかるだろう。それならば、では誰がおん祭を始めたのだろうか。

興福寺の大衆　この問いへの答えは簡単だろう。四～五ページの「若宮祭礼記」の記事をもういちど参照していただきたい。さきほど触れなかったが、この記事の後半に「大衆《だいしゅ》の沙汰《さた》として若宮御祭始め給う事」という記述がある。これによると、おん祭を始めたのは「大衆」であるということになる。「大衆」は「衆《しゅ》徒《と》」ともいわれ、この当時の用法では興福寺の僧侶を全体としてさす言葉である。おん祭は、興福寺の僧たち、もっと簡単にいえば興福寺が始めたのである。

そのことは、さきほどみた奉幣の順序にも現れているのではなかろうか。最初の奉幣は興福寺別当玄覚であった。これは祭りの主催者として当然であろう。そのあとは、基本的に身分や長幼の順であろう。

鎌倉時代の若宮神主中臣祐賢《なかとみのすけかた》が作成した報告書にも、

保延二年九月十七日、若宮祭これを始めらる。寺の沙汰なり。

と簡潔に興福寺の沙汰としておん祭が開始されたことが記されている。

それでは、忠通が始めたという話は、いつ、どこから、どうして出てきたのであろうか。その点については第四章で詳しく論じる。中世には忠通創始説はまだ成立していないようである。

2　なぜ始められたか

唯一の手がかり　おん祭を始めたのは藤原忠通ではないとすると、五穀豊穣・国民安寧のためという、おん祭開始の目的も再検討されなければならないことになる。興福寺の僧たちが始めたことは確認できたと思うが、彼らは何を願っておん祭を始めたのだろうか。

この問いに直接答えてくれるような史料は、残念ながらなさそうである。しかし、つぎの『大乗院《だいじょういん》日記目録』保延三年条の記事がこの問題を考えるための手がかりを含んでいると思う。

保延三年
正月十四日　醍醐《だいご》の座主《ざす》・権僧正《ごんのそうじょう》定海《じょうかい》転正《てんしょう》六十四歳。興福寺の大衆、京上し訴え申す。よって二月十一日、定海の僧正兼法務を停廃するなり。十日、春日神木入洛《しんぼくじゅらく》。十三日、本社に帰座。九月十七日、若宮祭礼始めてこれを行う。寺務ならびに大衆議定《ぎじょう》。今度の大訴《だいそ》立願《りゅうがん》なり。祭礼は例の如くなり。

『大乗院日記目録』という史料は、室町時代の興福寺大乗院の門主《もんしゅ》である尋尊《じんそん》が、歴代の大乗院門主の日記から重要な記事を選び出して写し、年代順に並べたものである。もとの記事は、各時代の門主が日々記録したものであるから信用度は高い。しかし、尋尊が筆写するときに、また年代順に並べて収録するときに間違いが生じる可能性があり、実際にいくつかそのような例を指摘することができる。ここに引いた記事も間違いが生じた例のひとつなのである。

しかし、ここではひとまず間違いがないものとして、この記事の解釈を試みてみよう。すると、だいたいつぎのような意味になるだろう。すなわち、醍醐寺の座主(長官)である権僧正定海が正僧正に昇任した。このことを興福寺の大衆は不満として朝廷に訴えた。それで、二月一一日には定海は僧正と法務の地位から降ろされた。その前日の一〇日には春日神木が入洛した。一三日には神木は奈良に帰座した。九月一七日に若宮の祭礼を始めた。寺務(別当)と大衆が議定し、この度の大訴がかなうことを願ってのことである。祭礼はいつものように行われた。

一応このように解釈できるのであるが、さきに述べたように、これは保延三年の条である。ここにおん祭開始の記事が入っていることがまずおかしいだろう。『中右記』や「若宮祭礼記」などの同時代史料が、おん祭の開始を保延二年としているので、おん祭の開始が三年というのは明らかな間違いといわなければならない。保延二年条に収録すべきおん祭関係の記事を、尋尊は間違って三年のところに混入してしまったのである。

したがって、まずおん祭関係の記事をここから保延二年条に移せばいいのであるが、問題は、どこからどこまでがおん祭関係の記事なのかということである。

そこで保延三年に起きたことを調べると、確かにこの年、興福寺の大衆は、醍醐寺の定海が興福寺の別当である玄覚を飛び越して権僧正から正僧正に昇任したことに抗議して神木を入洛させている。そしてその結果、定海は僧正をやめさせられたことが知られる。したがって、定海一件は保延三年条に残しておかなければならないだろう。生起した順序が反対なので、定海の一件がおん祭開始の要因となることはありえない。

記事を分ける　以上のことを踏まえると、「十日、春日神木入洛。十三日、本社に帰座」までが定海関係の記事で、「九月十七日」以降がおん祭関係の記事ということになるが、そうだとすると、末尾の「祭礼は例の如くなり」という記述が奇妙なものとなる。この「祭礼」をおん祭と解釈すると、保延二年条におくことはできないだろう。その年に始まったばかりのことを「例の如くなり」とはおそらくいわないからである。また翌年の保延三年条においても不自然である。おん祭は始まったばかりなので、「例の如く」よりも「昨年の如く」とあるほうが自然だからである。

保延二年と三年のいずれにおいても奇妙な感じのするこの「祭礼」は、おん祭ではなく春日祭であろう。

保延三年二月、興福寺の大衆は訴訟を理由に四日に予定された春日祭の引き延ばしを図った。訴訟のために神木を遷座させてしまうと、神殿には神が不在となり、春日祭は行えない。おそらく忠実などの説得に応じたものと思われるが、大衆は八日まで自重して春日祭はなんとか式日に挙行された。このような危機一髪のいきさつを踏まえて「祭礼は例の如くなり」と特記されたのであろう。おん祭関係記事の混入によって前後に引き裂かれたが、この部分は定海関係の話の一部と判断される。

以上の整理が正しいとすれば、『大乗院日記目録』のさきの記事は、つぎのように修正できることになろう。

保延二年
九月十七日　若宮祭礼、始めてこれを行う。寺務ならびに大衆議定。今度の大訴立願なり。
保延三年
正月十四日　醍醐の座主・権僧正定海転正六十四歳。興福寺の大衆、京上し訴え申す。よって二月十一日、定海の僧正兼法務を停廃するなり。十日、春日神木入洛。十三日本社に帰座。祭礼は例の如くなり。

さて、こうしてみると、おん祭は興福寺の別当と大衆が相談のうえ、「今度の大訴」が勝訴することを願って、あるいは勝訴したお礼、報賽《ほうさい》(神へのお礼)として始められたことになる。ここにおん祭開始の理由・要因が語られていることになるが、それではその「大訴」とはいったい何だったのであろうか。

3 「大訴」とは何か

亡弊の国　結論からいってしまうと、興福寺の僧たちの「大訴」のねらいは、お膝元の大和国を自分たちのものとして確保しておくこと、従来通り国司の支配を名目だけのものに止めておくことだった。このことを説明するためには、少し時代をさかのぼって、大和国に対する朝廷や国司の支配が有名無実化していたことをみておかなければならない。

高校日本史のおさらいになるが、古代の律令制では、地方の諸国は京都から派遣される国司によって治められた。国司の長官を守《かみ》といい、大和国は大国、上国、中国、下国の四つのランクのうち大国とされ、大和守は従五位上《じゅごいのじょう》に相当する官であった。平安時代の前期には、大和国は中央の貴族たちに人気の高い国で、多くの貴族が大和守になりたいという気持ちを持っていた。それは、いうまでもなく、大和守になると多くの収入が期待できたからである。

ところが、平安時代後期になると、大和国の人気はがた落ちになっている。貴族たちはもはや大和守になることを望まなくなった。大和守になっても大して実入りがなかったからである。京都の貴族からみた大和国は「亡弊の国」であった。このことを端的に示す「猫怖《ねこお》じの大夫《たいふ》」というおもしろい話が『今昔《こんじゃく》物語』にあるのでみてみよう。

今は昔、山城(京都府)、大和、伊賀《いが》(三重県)の三カ国で手広く田を作る藤原清廉《きよかど》という者がいた。しかし清廉は、大和国にまったく官物《かんもつ》(税金)を納めようとしなかった。それで大和守になったとき、藤原輔《すけ》公《きみ》は何とかしてこの不埒者《ふらちもの》から官物を取れないものかと考え、一計を案じた。そうとは知らず、輔公のもとにやってきた清廉は、表面では恭順を装って未納分の早期納入を誓ったが、腹のなかではまったく別のことを考えていた。「官物を納めろだと？　貧乏人が何をいうか。屁でも引っかけてやろうか。帰ったらすぐに伊賀の東大寺の荘園に逃げ込んでやろう。そうすれば、輔公は手が出せまい。いったいどこの馬鹿者が、大和国の官物を納めるというのだ。おれは以前もあれこれいってごまかしてやった。こいつはえらそうな顔をしているが、大和守などに任命されるのだから、朝廷では無能と思われているに違いない」とせせら笑っていた。輔公は清廉の考えそうなことはあらかじめ承知していた。清廉が大の猫嫌いであるという情報を事前にキャッチしていた輔公は、しめきった部屋のなか、清廉の目の前で猫を五匹放ち、恐怖におののく清廉に官物納入の手続きを取らせることに成功した。

この話のおもしろいところは、官物の滞納を続けていて国の守を恐れることもない剛の者が、ただの猫に震え上がったという点だが、それ以外に大和国の歴史を考えるうえで重要な点をいくつか含んでいる。

まず、ここで語られていることがいつの時代のことかということからみていこう。藤原清廉も藤原輔公もいずれも実在した人物である。輔公が大和守になったのは一一世紀初頭のことである。しかし、『今昔物語』の成立は、もっと時代が下がって一二世紀前半のことで、話の内容は大和国の一二世紀前半の実情を反映したものと考えられている。

官物の滞納　さて、最初に注目されるのは、清廉が「いったいどこの馬鹿者が、大和国の官物を納めるというのだ」と考えている点である。これによれば、一二世紀前半、大和国にはほとんど官物が納入されなくなっていたことになる。
なぜ国司は国内から官物を徴収できなくなっていたのか。その答えは、清廉が「伊賀の東大寺の荘園に逃げ込んでやろう。そうすれば、輔公は手が出せまい」と計画していることに現れている。大和国には東大寺や興福寺をはじめとする大寺院、官寺が多くあった。寺院やその領有する荘園は治外法権の地で、寺院と何らかのコネを持つ人間が寺内あるいはその荘園などに入ってしまえば、国司の追及の手がおよびにくくなっていたのである。清廉の子の実遠《さねとう》は、伊賀国にあった東大寺領黒田荘の私領主《しりょうしゅ》としてよく知られた人物であるが、清廉も東大寺と密接なつながりを持っていたと思われる。それで「東大寺の荘園」に駆け込むことにしたのであろう。

ところで、当時、興福寺や東大寺などの僧たちの多くは、大和国内に所領を持っていた。これらの僧たちはきちんと国司に官物を納入したのだろうか。もちろん、ノーである。彼らこそが寺院と最強のコネを持ち、大和国の官物滞納の中心勢力だったのである。

こうして、大和国は官物が納められない国、京都からみると収入が期待できない「亡弊の国」となってしまっていた。そんな国の国司の地位を望む者はいない。しかし、朝廷としては大和国の守を任命しないわけにはいかなかったので、無能な人間を形ばかり任命するようになった。「大和守などに任命されるのだから……」と清廉が輔公を侮ったのには、そのような背景があったのである。「猫怖じの大夫」の話は、一二世紀の前半、大和国では東大寺や興福寺につながる人びとが国司の支配から離脱し、公領《こうりょう》(国衙領《こくがりょう》)は私領になってしまっていたことをよく示している。

院政の影響　このような事態にいたったのは、東大寺や興福寺、とくに興福寺の力が国司の力に比べて強くなったからであるが、それには中央での政治のあり方の変遷が関係している。平安時代後期には、政治形態が摂関政治から院政へと転換した。摂関家の力は弱くなり、政治の実権が上皇に移った。大和国で国司と藤原氏の氏寺である興福寺が衝突したとき、摂関家の力の強かった摂関政治期には、摂政・関白は大和守の支持にまわることが多く、むしろ興福寺に対しては抑圧的だった。摂関政治は受領《ずりょう》層の支持のうえに立っていたといわれるが、大和でもそのような特質は指摘できる。

ところが院政期になると、摂関家の力は低下した。政治は院の主導のもとで行われ、摂政・関白といえども院の近臣のひとりにすぎない状態となった。摂関家以外の藤原氏が上皇に重用されて摂関家の力をしのぐようなことも出てきた。そうなれば、受領層も次第に離反してゆく。こうして前代に比べて政治的に不安定な立場におかれた摂関家は、没落を食い止めるためにさまざまな努力を行うことになるが、そのひとつが神仏の力にすがることであった。宗教的権威を求めて、摂関家は氏寺興福寺に接近していったのである。その結果、摂関家は大和国で興福寺に味方し、陰に陽に国司を押さえ込むようになり、興福寺の僧は公領を浸食して、寺僧領《じそうりょう》と呼ばれる私領を国内に形成していったのである。

国司の無力化　国司の力の後退を少し具体的にみてみよう。

寛治二年(一〇八八)二月、白河上皇は高野山に御幸《ごこう》した。京都から南下して東大寺に泊まり、翌日興福寺に立ち寄ってから大和盆地を縦断し、紀伊国(和歌山県)との国境付近である火打崎《ひうちさき》(五條市火打町か)に宿泊した。上皇が泊まれるような施設がない場合、国司があらかじめ臨時の御所を設営しておくのが当時の決ま

図2　鳥羽上皇(『天子摂関御影』)

りであったが、大和守であった藤原伊家《これいえ》にその力はなかった。その理由を、ある貴族は「所部叶《かな》い難《がた》きにより」、つまり国内支配ができないからだと説明している。伊家は牛馬の飼料だけを負担し、摂政の藤原師実《もろざね》があらかじめ一行のために宿所を設けていた。

天治元年(一一二四)の一〇月には鳥羽上皇(図2)が高野山に出かけた。寛治の白河上皇の先例が踏襲されたが、このとき火打崎に大和守はその姿さえみせていない。上皇のお供をしてきた中納言の藤原実行《さねゆき》は、「国領すでになく、在庁運対《ざいちょううんたい》し難きによ」る、つまり大和国に国衙領(公領)はもはやなく、国庁の役人は対応できないからだと述べている。宿所を始め必要な準備はすべて摂政の忠通が行った。

仁平元年(一一五一)八月、左大臣の藤原頼長が春日詣を行った。春日詣に際しては、摂関家が奈良に持っていた邸宅である佐保殿《さほどの》で饗宴が行われ、その費用の一部を大和の国司が負担するのが先例であった。しかし、国司が費用を負担することはもはやなかった。頼長はその理由を「近代の国司、吏務を親《み》ず」とその日記に記している。

以上を要するに、一一世紀末から一二世紀前半にかけて、大和国に対する国司の支配は消滅してしまっていたのである。その最大の原因は、国内が興福寺および同寺の寺僧などの所領や私領になっていたからである。この状態を、京都の貴族は「大和国は一歩《いちぶ》の公田もない」(『兵範記《ひょうはんき》』)といい、高野山の僧は「数万町あまりの公田は、すべて(興福寺に)奪われている」(『根来要書《ねごろようしょ》』)と非難した。

もちろん、朝廷は何度か支配の再建を試みている。よく知られているのは、天養元年(一一四四)の藤原忠通による大和検注(土地検査。のちの検地)の企てであろう。このとき忠通は、大和国を知行国《ちぎょうこく》としてもらっていた。知行国とは上級貴族や寺社に対して与えられた一種の給与であり、期間を限ってその国からの収入を得ることができた。忠通は大和国をもらうと、腹心の源清忠《みなもとのきよただ》を大和守に任命して自邸内に大和の公文所《くもんじょ》を設け、国内の検注を行う体勢を整えた。つまり、実際に大和を支配し、官物を取るという姿勢をみせたのである。さきにもみたように、忠通は興福寺に対して冷たい。しかし、忠通の試みは、興福寺大衆の猛反撃にあって失敗した。

平清盛も大和国を掌握しようとした。保元三年(一一五八)、大和国をやはり知行国としてもらった清盛は、一国検注を試みた。その結果、興福寺大衆の反対を押し切って一部では検注が実施されたが、全面的に国内を調査し寺僧領を整理することは無理だったようである。

大和国が一二世紀中頃にどのような状態におかれていたか、その概要をみた。極言すれば、興福寺やその僧たちの思いのままになる国になっていたのである。そして朝廷はその対策に苦慮していた。

源重時の試み　さて、おん祭が始められた保延年間に戻ろう。おん祭を始めた興福寺の僧たちの「大訴」とは、従来通り大和を自分たちのものとして確保すること、国司を有名無実のままにしておくことだったと結論を先取りして述べた。その点をもう少し具体的にみていこう。

なぜ興福寺の僧たちはおん祭を始めたのか、当時の彼らの一致した課題は何かという問いを持って史料を探すと、興味深い記事に出合う。おん祭開始の前年の『中右記』の記事である。『中右記』保延元年五月六日条につぎのようなことを宗忠は書いている。さきに述べたように、宗忠は関白忠通の身近な相談相手であった。

忠通様から手紙が来たが、それはつぎのような内容であった。「大和国司である源重時《しげとき》が現地に赴任して神拝《しんぱい》をしようとしたところ、興福寺の大衆がそのことを聞きつけてこれを阻止しようとした。従来大和国司は神拝を行わなかった。今回、国司は大和の国中を『直』そうとしているのだろうか。しかし、大衆の計画は穏やかではない。止めるように藤原氏の長者として命令した」。これに対して私は「まことに適切なご対応だったと思います」とお答えした。それにしても大和の国司は何年もの間、神拝はしなかった。強行しようとしても失敗するだろう。

ここでのキーワードは神拝である。国司は任国に下向すると、一宮《いちのみや》をはじめその国のおもだった神社に参拝するのが当時の慣習だった。神拝とはこの慣習をいうが、これは国内の有力者を招いて国司の館で盛大に行われる宴会などとともに、国司が実際に国内統治を開始することを広く示す行為であった。大和で国司の神拝がなかったということは、国司支配が消滅していたことを裏付けている。そして源重時が神拝をしようとしたことを、国中を「直」そうとしているだろうと忠通が考えたように、重時は大和支配の再建に乗り出していた。天養の忠通、保元の清盛以前に、興福寺およびその僧たちによる大和の事実上の支配は、危機に直面したことがあったのである。

源重時は、「鳥羽四天王」のひとりといわれており、彼の強硬な姿勢の背後には鳥羽上皇の意向があった。さきの記事の一〇日ほどのち、『中右記』にはつぎのようなことが書かれている。

昨夜、神拝を妨害されたとの大和守源重時の申文《もうしぶみ》が鳥羽上皇から忠通様に伝達された。

忠通の命令を無視して興福寺の大衆は重時の神拝を妨害したのであろう。重時からの訴えは、鳥羽上皇から興福寺を監督すべき立場にある忠通にまわされた。これに対して忠通は「尋沙汰《たずねさた》」する、つまり調査すると回答した。

重時は太政官の官使の派遣を要請して大和国の検注も企てたようであるが、結局彼の企てはおおむね挫折したと思われる。しかし、半世紀におよぶ国司支配の空白を朝廷が本腰を入れて解消しようとしたことは、興福寺とその僧たちに大きな衝撃をもたらしただろう。国司の統治が再現されれば、興福寺が不法に集積した所領、寺僧たちが築き上げてきた私領が否定されて没収されるのは明らかであった。

こうしておん祭が始められたと考えられる。興福寺の僧たちは、国司支配の再現に反対し現状の承認・継続を求めて朝廷に「大訴」を起こした、そしてその訴訟が達成されるようにと春日若宮神に「立願」しておん祭を始めた、あるいは「大訴」が勝訴に終わったことの報賽としてのおん祭を始めたと考えられるのである。

おん祭は当初から大和一国を強く意識した祭であった。「若宮祭礼記」によると、おん祭の開始にあたって致斎《ちさい》が行われる。致斎とは要するに潔斎《けっさい》のことで、神事を始めるにあたって関係者や関係地域などを清浄にする、清めることであるが、おん祭の開始に際して春日神人《かすがじにん》が伊賀、紀伊、河内(大阪府)、山城との国境に派遣されている。これは、大和一国が致斎の対象となったことを示している。また、あとにみるように、おん祭の流鏑馬《やぶさめ》はその当初、実際には大和国内の武士によっても国外の武士によっても勤められたが、興福寺の別当であった玄覚はこれを「国中の武者の役」、若宮神主であった中臣祐房《すけふさ》も「国中の住人」の役と記している。興福寺、春日社のトップが書き残したこれらの記述は、おん祭が大和一国と密接に関連していたことを示しているだろう。

4　「日使」とは何か

南都楽人　おん祭は忠通の始めたものではない、興福寺の大衆(僧たち)が自分たちの権益を守ることを祈って始めた祭りであるというのが、ここまでの結論である。そうであれば、検討すべき問題がひとつ浮上することになる。「日使《ひのつかい》」である。

江戸時代の版本である『春日大宮若宮御祭礼図』に描かれた日使を示した(図3)。現在行われているおん祭でもこの図と同様、黒の袍《ほう》と冠をつけた日使がお渡り行列の最初のほうを馬上で渡るので、ご覧になった方も多いだろう。

図3　日使(『春日大宮若宮御祭礼図』)

この日使はどのような存在といわれているのだろうか。現在行われている説明は、『春日大宮若宮御祭礼図』にもとづいていると思われる。同書にはつぎのようなことが記されている。

　日使は、関白殿よりその日の御使を命じられたことから日使という。いにしえは関白殿がお勤めになったということである。

別の箇所では、つぎのようにもいう。

図4　春日社頭で賀殿の舞を練習する狛行光(『春日権現験記絵』)

日使は、関白忠通がお勤めになる役割であったが、祭礼の当日、興福寺の食堂《じきどう》の前の細殿《ほそどの》までご出仕なさったとき、にわかにご気分が悪くなられたので、装束を楽人《がくにん》に授け下され、楽人が当日の御使を勤めた。それから日使といわれるようになった。

要するに、関白忠通の代理人・代参人に始まり、毎年摂関からおん祭に送られてくる使者＝奉幣使であるというのが、日使に関して一般に行われている説明である。しかし、当初は関白が使者を勤めることになっていたという点からして奇妙であるし、おん祭が忠通の創始によるものではないとすると、この説明も再検討されるべきものとなる。

そこで「若宮祭礼記」に記された日使の身元を洗うと、おん祭が始まって間もないころの日使は、ほとんど狛《こま》氏であることがわかる。狛氏といえば、南都楽人として栄えた一族である。楽人は朝廷の楽所に所属して近衛府《このえふ》の府生《ふしょう》などの下級官職についていた存在で、とくに興福寺を中心に活動した者を南都楽人という。絵巻物の『春日権現験記絵《かすがごんげんげんきえ》』に描かれていて有名な狛行光《ゆきみつ》(図4)という南都楽人がいるが、彼も日使を勤めた経験を持つ。楽人が日使を勤めたという『春日大宮若宮御祭礼図』の説明は間違っていない。

別会所の差定　しかし、だからといって摂関からの使者と考えることはできない。なぜなら摂関家からの使者は楽人とは別に確認されるからである。彼らは、楽人とはややタイプの異なる官人である。例えば保延六年の関白忠通からの使者は太政官の、忠実からの使者は院庁の下級官人であった。摂関家の職員である下家司《しもけいし》が派遣されたこともある。

それでは日使はどこから、誰から派遣されてくるのであろうか。その所属から考えると、日使は興福寺からの使者とするのが常識であろう。鎌倉期の史料によると、日使を勤める楽人に対して、つぎのような差定《さじょう》(指名)状が祭礼を担当する興福寺の別会五師《べちえのごし》から出されている。

差定す

当年の春日若宮御祭使役《ごさいしやく》の事

左近衛の府生・大神弘継《おおがのひろつぐ》

右、例に依りて差定するところ、件の如し。

弘長元年七月一日　　別会五師丶丶

この文書をみると、日使の指名権は別会五師にあるが、それはどうやら形式的なもので、実際には楽所のほうで決定がなされた。右では省略したが、「六月下旬、楽所へその仁を相い尋ね」ると行間に小さく記されているので、別会五師は楽所からの報告を受けてこのような差定状を発給したのである。

楽所の注進　祭礼の執行される九月には、あらためて楽所からつぎのような注進状が出された。

注進　若宮御祭の舞人ならびに陪従《べいじゅう》の交名《きょうみょう》の事

一　舞人十人

左兵衛尉光継《さひょうえのじょうみつつぐ》　　丶丶丶有好《ありよし》(左兵衛尉)

図5　春日社を遙拝する中臣祐房（『春日権現験記絵』）
詞書では信経《さねつね》と書き換えられたが，本来祐房として描かれた。24ページコラム参照。

　　以下略
一　使
　　左近府生弘継
一　陪従十二人
　　左近将監《さこんしょうげん》光葛《みつかず》　丶丶丶丶（左近将監）定氏《さだうじ》
　　　以下略
　別座　前左衛門尉《さきのさえもんのじょう》是正《これまさ》等三人
　　侍九人
右、注進の状、件の如し。
　　弘長元年九月　日　　左近大夫将監□□

二条目の「使」の「左近府生弘継」がこの年の日使で、年月日の下の差出者・左近大夫将監某は、南都楽所の長官である。日使は、舞人や陪従などと同様に南都楽人の勤める役割だったことが確認できよう。以上によって日使が興福寺からの祭使であることは明白であろう。これは、おん祭が興福寺大衆の始めた祭礼であれば、ごく自然なことである。

祐重から　最後に、日使という呼称について触れておきたい。じつは初代の若宮神主である中臣祐房（図5）は、日使という言葉を使っていないのである。彼はただ「使」とだけ記している。もし日使が摂関からの使者＝奉幣使なら、祐房は「御使」と書いたはずである。ここにも日使が摂関の使者などではなかったことが現れているだろう。「若宮祭礼記」で日使という言葉を使い出したのは、祐房の子で三代目の若宮神主である祐重《すけしげ》である。

では、祐重はどうして父が使とだけ記していたものを、あらためて日使という言葉でいうようになったのであろうか。日使という言葉は、朝廷から春日祭に派遣されてくる勅使をさして使われることがある。この勅使は近衛府の中・少将で、南都の楽人などより格段に身分が上である。祭礼の格・ランクというものを派遣されてくる奉幣使の身分で測るとすれば、古くからある春日祭のほうがおん祭よりずっと上だということになる。春日祭は朝廷の奉幣に預かる官祭であり、おん祭は興福寺の祭にすぎない。祐重は、その差を少しでも埋めようと考えて、興福寺からの使者にも日使という言葉を使い出したのではないだろうか。

近世になると、おん祭は関白忠通によって始められたとして転生していく。由緒が語り直されることで「五穀豊穣・国民安寧」を祈る近世の祭りとして歩みを始める。そのとき、日使にも新しい意味が付与されて立派な黒の袍が着用されるようになるのである。

コラム　絵巻から消された祐房

春日明神の霊験《れいげん》を描いた『春日権現験記絵』は、成立時、絵師、成立事情などがわかっているので、絵巻を研究する際に基準作とされる貴重なものであるが、この絵巻の巻三に信経《さねつね》という春日社の正預《しょうのあずかり》（長官）が登場する。絵巻の詞書《ことばがき》によると、あるとき関白忠実が病気になり高僧による加持祈禱《かじきとう》などが行われたが効果はなく、春日明神の祟り《たた》ではないかということになった。ちょうどこのとき、信経が忠実の勘気を蒙《こうむ》って京都で牢に入れられていたが、これが春日明神の怒りに触れたと考えられたのである。牢から出された信経が南（奈良の方向）に向かい、「我が大明神、忠実様の病を癒《い》やし、どうか私をもう一度御山に返してください」と祈るとたちまち忠実は本復した。信経は剣や衣服などの褒美に加えて播磨《はりま》国（兵庫県）に所領までもらって奈良に帰ることを許された。以上のような話である。春日明神は、藤原氏の氏長者で本来もっとも手厚く加護すべき忠実を病に追い込んでまで信経を解放させた、信経はそれほどまでに神の意にかなった偉大な神官であったというのであろう。

ところが、現存する絵巻は完成後に手を加えられたものであり、詞書の一部に白い粉が塗られて人物名などが上書きされたりしていることが明らかにされている。さきの話は、本来信経ではなく、祐房を主人公として書かれているのである。おそらく絵巻完成後に詞書の内容を知った信経の子孫たちが、偉大な神官として顕彰されるべきは祐房よりも信経であると訴え、それが容れられたのであろうが、信経の事績を調べると、信経が春日社およびその周辺で偉大な神官として崇められていたとは少々考えがたいのである。それに対して祐房は、若宮社の創建やおん祭の開始に貢献し、若宮社の脇の通合《つごう》神社に祀られるなど、偉大な神官とされていたと考えられる徴証がいくつかある。絵巻が完成した鎌倉時代末期、祐房の子孫たちは発言力を失っていたのだろうか。不思議なことである。

第二章 流鏑馬と武士

図6　流鏑馬

1 初期の流鏑馬

武士を組織する

流鏑馬《やぶさめ》は、疾走する馬の上から進行方向の左側に一定の間隔で立てられた三つの的をつぎつぎに射る競技である（図6）。武士が馬に乗って矢を射ることを、地上に降り立って行われる歩射《ぶしゃ》に対して騎射《きしゃ》というが、笠懸《かさがけ》、犬追物《いぬおうもの》、流鏑馬が代表的な騎射であり、これらは三つ物と呼ばれた。武士といえば刀を思いおこす人が多いが、刀よりもむしろ弓矢のほうが武器として重要で、剣術よりも弓馬の術の鍛錬に武士は励んだのである。

平安から鎌倉時代にかけて、諸国の国司のちに守護は、国内の武士を組織・編成する手段としてしばしば流鏑馬を利用した。諸国の一宮《いちのみや》などの有力な神社では流鏑馬が神事芸能として奉納されることが多かったが、国司や守護はこの行事に国内の武士を動員することを通じて彼らを把握し組織しようとした。武士たちにとっては、国内の有力神社の神事に奉仕することは名誉なことであり、ひとかどの者として国司や守護に認められたことを意味したのである。

地方だけでなく、中央でも流鏑馬は行われた。むしろ現在では、流鏑馬は京都およびその周辺から出て地方に伝わったとする考えが有力なほどであるが、鳥羽《とば》の城南離宮祭《じょうなんりきゅうさい》では一一世紀末から一二世紀にかけて、白河《しらかわ》天皇や鳥羽天皇が武士に競馬などとともに流鏑馬を行わせている。さらに承久の乱(一二二一年)に際して、後鳥羽上皇は「流鏑馬汰《ぞろ》へ」と称して諸国の武士を鳥羽の地に集結させたことはよく知られている。

国外の武士

さて、おん祭では、舞楽《ぶがく》、神楽《かぐら》、東遊《あずまあそび》、田楽《でんがく》、細男《せいのお》、猿楽、競馬、流鏑馬、馬長《うまおさ》、相撲《すもう》などの神事芸能が行われるが、これらのうちでも流鏑馬は次章でみる田楽と並んでもっとも重要なものである。本章では、おん祭の流鏑馬がどのようにして行われていたのかをみてみよう。

流鏑馬は、保延におん祭が始まった当初からその一部に組み込まれていた。すでに触れたが、おん祭が始められたとき、興福寺《こうふくじ》の別当玄覚《べっとうげんかく》は、その日記に「流鏑馬十騎国中武者役」と記し、若宮神主で当時春日社の正預《しょうのあずかり》を兼任していた中臣祐房《なかとみのすけふさ》は「若宮祭礼記」に「射流鏑馬十騎国中住人」と書いた。これらの記述を根拠として、おん祭の流鏑馬は、当初から大和《やまと》国内の武士によって一〇騎すべてが勤仕《ごんし》されてきたと考えられてきた。もしそうだとすると、一二世紀の中頃からすでに、興福寺は国内の武士を編成・組織していたことになるのだが、どうやらそれは違うようである。玄覚と祐房が「国中の武者の役」「国中の住人」と書いたのは、実際の姿というよりは将来のあるべき姿、めざすべき目標と考えるべきであろう。なぜなら、おん祭の流鏑馬には当初、大和国外の武士が参加していたからである。

建久七年(一一九六)、興福寺の別当信円《しんえん》は、この年の流鏑馬について、つぎのようなことを日記に書いた。

安満《あま》庄の下司《げし》である親村《ちかむら》が流鏑馬を勤めた。安満庄の荘官が流鏑馬に従事したことは今までなかったことだ。今年が最初である。それで大衆《だいしゅ》は親村をとくに優遇して二番目に渡らせた。

安満庄は、摂津《せっつ》国(大阪府)にあった興福寺一乗院の荘園である。その荘園で下司を勤める親村が、安満庄の荘官としては初めておん祭の流鏑馬に奉仕したのである。それで興福寺の大衆は大いに喜び、特別に二番目という早い順番で渡らせたというのである。「渡らせた」は、直接にはお渡りの行列のことであろうが、第二番目に流鏑馬を射させたということをも意味すると思われる。それはともかく、ここには大和国以外の武士が流鏑馬を勤めることに対する驚きや戸惑いなどといったことはまったく感じられないので、おそらく従来からも他国の武士が参加することがあったと考えられよう。

別会所下文　一三世紀に入っても、おん祭の流鏑馬には国外の武士の姿がみられる。安貞二年(一二二八)には一一番の流鏑馬が奉納されたが、そのうち少なくとも三人は河内《かわち》国足力《こぶら》庄(大阪府富田林市)、同国長野庄(大阪府河内長野市)、山城国瓶原《みかのはら》庄(京都府木津川市)など他国の武士であった。足力庄は興福寺の、長野庄と瓶原庄は春日社の荘園であった。武士たちは、荘園領主との関係にもとづいて動員されたのであろう。つぎのような下文《くだしぶみ》(命令書)が興福寺の別会五師《べちえのごし》から武士たちに出された。

興福寺別会所《べちえしょ》下す　摂津国吹田《すいた》庄の庄官等の所

早く若宮御祭の流鏑馬役を勤仕すべき事

右、件《くだん》の流鏑馬は、厳重の神事、巡役《じゅんやく》限りあり。ことに尋常を存じ、専ら先例を守り、来る九月十七日卯の刻をもって南大門において見参を取り、件の役を勤仕せしむべきの状、衆徒の僉議《せんぎ》に依《よ》り下知《げじ》件の如し。あえて違失する勿《なか》れ。ことさらにもって下す。

年月日

別会五師大法師在判

これは文書のひな形であるが、摂津の吹田庄は興福寺領で、実際に同庄に対して右のような下文が出されていただろう。このように他国の武士の動員が行われ、その参加が歓迎されたということは、大和国内の武士の組織・編成がまだ十分ではなかったということを示しているのではなかろうか。

一三世紀前半にはまだ他国の武士の参加がみられたが、次節でみるように大和の武士の組織・動員体制が整うにつれて、それは無用になってくる。そして、山城国や摂津国などの興福寺領荘園の武士には、実際の流鏑馬にかわって「流鏑馬米《やぶさめまい》」と呼ばれた米の形での負担が一三世紀の後半から求められるようになる。そしてさらにあとになると、荘園によっては銭が賦課された。さきの吹田庄の場合、その額は五貫文(五〇〇〇文)だった。これを今日の金額に換算すると、一文を一〇〇円から二〇〇円の間として、五〇万円から一〇〇万円の間といったところであろう。流鏑馬米や流鏑馬銭《せん》の納入は、応仁・文明の乱(一四六七〜七七)が勃発するころまで行われたようである。

2 六党の武士団

国内武士の勤仕　大和に戻り、国内の武士がいつごろ、どのような組織を形成して流鏑馬を自分たちで勤めるようになったのかをみていこう。まず最初に、最終的に完成された組織、勤仕方法を確認しておきたい。

南北朝・室町期になると、大和国内には武士の集団が六つ形成されていて、それらがつぎのような組み合わせと順序でおん祭の流鏑馬を勤仕していた。

一年目　平田　戌亥脇《いぬいわき》　散在
二年目　長川《ながかわ》　長谷川《はせがわ》　散在
三年目　平田　葛上《かつらぎかみ》　散在
四年目　長川　長谷川　散在

平田、戌亥脇、散在などが武士団の名前である。平田党、戌亥脇党などと党をつけて呼ばれることもある。これらの党が、右のような組み合わせとローテーションでおん祭の流鏑馬を勤めた。すなわち、ある年に平田党、戌亥脇党、散在党の三つの武士団がおん祭の流鏑馬を勤めたとする。すると、翌年には、長川党、長谷川党、散在党が勤め、さらにその翌年には平田党、葛上党、散在党が勤め、四年目は長川党、長谷川党、散在党というようになるのである。そうして五年目は、もとの一年目の組み合わせにもどる。このような勤仕形態が中世末期まで継続した。

つぎに、これら六つの武士団のそれぞれについて概観してみよう(図7)。

平田党　この党は、平田庄という荘園の武士たちによって結成された武士団である。荘園は、ごく簡単にいってしまえば、皇室や貴族や寺社などの領地のことであるが、平田庄は京都の摂関家の所領で、その一部が摂関家から春日社の西塔に寄進されていた。おそらく中世の大和国で最大の面積を誇った荘園で、一二世

図7　六党の関係地(奈良県北西部)

紀半ばには、二三〇〇町(約二六〇〇ヘクタール)近くの田数があったという。現在の大和高田市、北葛城《かつらぎ》郡広陵町、香芝市、葛城市にまたがってあった。広い荘園だけに多くの武士がいて、なかでものちに「平田八庄官」と呼ばれた布施《ふせ》、高田、疋田《ひきた》、岡、万歳《まんざい》、中村、北角《きたずみ》、細井戸氏などが有力であった。

長川党　これは長川庄の武士たちが結んだ集団である。長川庄も摂関家の所領で、平田庄同様その一部が西塔に寄付されて春日社領となっていた。平田庄ほどではないが、長川庄もやはり大きな荘園で、現在の広陵町に位置した。箸尾《はしお》氏がこの武士団の棟梁であった。

以上のふたつの武士団が、初期のおん祭の流鏑馬をおもに担ったと思われる。これらふたつの荘園の武士が流鏑馬に動員されたのは、平田庄も長川庄も春日社領となっていたからであろう。いいかえると、両荘の武士たちの動員は、荘園領主権によっていた。

ところで、完成されたさきの勤仕方法によると、平田党と長川党の武士は、同じ年に流鏑馬を勤めることはない。それぞれ隔年で別べつに勤仕した。ところが最初からそうだったわけではなく、当初両党の武士たちは同じ年にともに流鏑馬を勤仕していたのである。両党が分かれるにいたったのは、流鏑馬の順番争いが原因と思われる。つぎの記事は、一三世紀初めの順番争いを伝えている。

翌日は流鏑馬であったが、平田実観《じっかん》と長川政景《まさかげ》が一番を争った。それで両人を呼んで事情を尋ねたところ、それぞれ自分が一番だと強く言い張った。決着がつかないので、政景には来年の一番流鏑馬勤仕を命じて今年の出仕をやめさせた。したがって、今年は流鏑馬が一番足りないことになったが、平田資行《すけゆき》がにわかに勤めることになり、一〇番の流鏑馬を確保することができた。

春日西塔の検校《けんぎょう》(長官)の地位にあった信円の日記である。一番流鏑馬を勤めることは大変な名誉であったので、このような順番争いは珍しいものではなく、頻発したようである。興福寺の別当を輩出した大乗院には、別当の職務をうまく勤めるためのマニュアルのようなもの(「御寺務部」)があったが、それにはできるだけ流鏑馬の順番争いにはかかわるなと書かれている。それほどやっかいでよく起こる争いだったのである。平田党と長川党の間で頻発する順番争いを避けるために、一三世紀前半以降に平田党と長川党は分離され、それぞれ別べつに隔年で勤めるように編成されたのであろう。

平田、長川党についで登場するのが、長谷川党と戌亥脇党である。

長谷川党　観音信仰で有名な長谷寺の位置する大和国の東の山間部から大和盆地の東南部に流れ出て、西北ついで西の方向に流れる川が長谷川(初瀬川、大和川)であるが、長谷川党はこの川の流域にできた武士団である。大和盆地のほぼ中央部、長谷川の右岸に法貴寺《ほうきじ》という寺があったが、これがこの武士団の拠点・集会所で、ここから長谷川党は法貴寺党とも呼ばれる。現田原本《たわらもと》町法貴寺の千万院《せんまんいん》が、かろうじてかつての法貴寺の面影を伝えている(図8)。

図8　法貴寺周辺

長谷川党の初見は、一三世紀半ばのつぎの史料（内閣文庫大乗院文書「興福寺年中行事　秋」）である。

　寛元四年、（興福寺の）別会五師は玄恩《げんおん》であったが、平群《へぐり》の流鏑馬である九郎清光《きよみつ》は別当のご意向に従って第二番の流鏑馬を勤仕した。それで長谷川は勤めずに帰ってしまった。一騎不足となったので、衆徒の沙汰として当日清光にもう一騎出させた。

さきほどの平田党と長川党の争いと同様、平群と長谷川による流鏑馬の順番争いである。しかし、ここでは一番ではなく二番争いである。すでに一番は平田党と長川党によって占められていたのであろう。どのような経緯があったのかわからないが、平群の清光が興福寺の別当の意向によって二番を勤めた。それに腹を立てて長谷川党の流鏑馬が勤仕を放棄して帰ってしまったのである。ここにみえる平群は、戊亥脇党の基盤が添下《そうのしも》と平群の両郡であるので、その前身あるいは別称だろう。長谷川党と戊亥脇党は、ここにみられるような二番をめぐる順番争いが原因で、一三世紀半ば以降、別グループに分けられた可能性が考えられよう。

長谷川党に関する史料は、このあとしばらくない。再びその姿を史料上に現すのは南北朝期になってからである。法隆寺の記録である『嘉元記《かげんき》』につぎのようなことが記されている。

　延文五年（一三六〇）五月、法隆寺は山田（大和郡山市山田町）の集落を攻撃することにした。山田が法隆寺の管理する常楽寺市場の家を焼いたという理由である。攻撃に際して戌亥脇党の承認・支持を得ようとしたところ、先例があるので、「長谷川惣一党」の了解を得たほうがよいというアドバイスが同党から寄せられた。それで、長谷川党にも確認したうえで法隆寺は山田に夜討ちを決行した。

ここから戌亥脇党が法隆寺と密接な関係を持っていたこと、法隆寺あるいは山田の周辺が戌亥脇党と長谷川党の勢力・縄張りの接点、あるいは境界だったらしいことが推測される。

長谷川党と戌亥脇党の関係については、つぎのようなことも『嘉元記』に記録されている。貞治三年(一三六四)、法隆寺では大湯屋の湯船を新調することになった。この湯船は大木の幹をくりぬいて作られるものであったが、そのための大木は長谷寺近くの慈恩山《じおんやま》から切り出して長谷川を流し、法隆寺の南方で陸揚げして寺まで運ばれることになった。大木は三日かけて長谷川を流れ下ったが、この間長谷川党が全面的に協力したという。この話は、長谷川党が長谷川流域の武士団だったことをまことによく示している。また、おん祭のためだけでなく、党が在地で日常的に機能していた集団だったこともわかるだろう。

武士団はもちろん戦闘部隊としても機能した。応永三三年(一四二六)、東大寺寺中から射られた矢が興福寺の僧にあたった事件を発端として興福寺と東大寺は衝突したが、「長谷川寺本衆」はこの戦闘に参加して東大寺を襲い、その恩賞として「彼所十郷ならびに海智《かいち》・小林」両庄にかかる課役の免除を勝ち取っている。ちなみに、長谷川党が押さえていた地域は、寺本と呼ばれた法貴寺を中心とする地と、散在といわれたその他の周辺地域からなっていた。

応永には華々しく活躍した長谷川党であったが、その半世紀後にはすでに勢力は小さくなっていた。筒井氏、十市《とおち》氏、越智《おち》氏など有力国人《こくじん》の草刈り場になって切り崩されたのである。残った者たち三八人は生き延びるために、「御墓守《おはかもり》」となって多武峰《とうのみね》（妙楽寺、現談山《たんざん》神社）に従属する道を選んでいる。

戌亥脇党　子《ね》から始めて丑《うし》、寅《とら》、卯《う》と続く十二支を子を頂点にして右回りに等間隔で円周上におくと、最後の左上（西北）に戌《いぬ》と亥《い》がくる。つまり、戌亥とは西北のことである。戌亥脇党は大和国西北の隅を舞台として成立した集団である。戌亥が大和国におけるその位置を表していることはまちがいないだろう。しかし、脇の意味ははっきりしない。脇には「かたわら、そば」あるいは「近くの別の場所。よそ」などの意味があるが、大和国の中心である奈良の「かたわら」「近く」という意味なのかもしれない。

さきに長谷川党についてみたとき、一三世紀中頃の史料に「平群の流鏑馬」なるものが登場した。大和の西北部は、郡の名前でいえば平群郡と添下郡である。そこから平群は戌亥脇党の前身あるいは別称かと考えたのである。

戌亥脇党の明確な初見は、弘安八年（一二八五）である。法隆寺の歴代別当について記した『法隆寺別当次第』に「戌亥脇一党百五十人」が法隆寺で施主《せしゅ》（スポンサー）となって舎利供養《しゃりくよう》を行ったことが記されている。このころ大和の西北部に江戸時代の村の半数がすでにできていたと仮定すると、だいたいひとつの村からふたり程度の有力者が出て、戌亥脇党のメンバーになっていたという計算になる。

戌亥脇党は引き続き『嘉元記』に登場する。延慶三年（一三一〇）六月、法隆寺の僧たちは、寺内のふたりの僧を刃傷などの罪で処分しようとした。僧たちは処分に際して「一党」＝戌亥脇党の了承を得ているが、これは処分される者が、戌亥脇党の関係者だったからであろう。戌亥脇党のメンバーは、その子弟や一族などを法隆寺や西大寺などの寺院に送り込んでいたと思われる。元応三年(一三二一)には、法隆寺で亡くなった僧の遺産争いについて、戌亥脇党は法隆寺の僧たちと共同で集会を開いて協議している。

法隆寺の北、すぐそばに三井村《みい》(斑鳩町三井《いかるが》)がある。観応二年(一三五一)九月、三井村の祭りのとき、法隆寺の宗順房《そうじゅん》の下人《げにん》が三井村の者に斬り殺された。その報復として、その夜とつぎの日の夜、宗順房は三井村を襲って家を一軒焼き、人をひとり殺し、ふたりを傷つけ、そして防備を固めて法隆寺内に立て籠もった。現代の感覚からすれば、とてもお坊さんのやることとは思えないが、聖職者というよりは袈裟《けさ》をつけた武士だと思えば納得できよう。法隆寺当局も宗順房の報復はやりすぎと判断した。そこで宗順房を寺内から追放し、戌亥脇党に三井村との関係修復の斡旋を依頼した。地域の秩序回復や維持のために、戌亥脇党にははたすべき役割があったのである。

法隆寺の外に目を転じてみよう。忍性《にんしょう》といえば西大寺を再興した叡尊《えいぞん》の高弟であるが、忍性の巨大五輪塔《ごりんとう》があることで知られる額安寺《がくあんじ》(大和郡山市額田部寺町)の康永二年(一三四三)の文書に、「戌亥脇一党が一味同心して額安寺領などについて沙汰評定」したものがある。額安寺を始め付近の二、三の在地寺院が所有する田地の保護を規定したものである。文書の末尾に、この付近に住む戌亥脇党のメンバー三〇人近くが署名している。その署名は「但し不次第」=順不同とされている。これは、一揆契状にしばしばみられる署名形式で、署名者が相互に平等、対等であることをことさらに表明したものである。この文書には一揆契状に頻出する「一味同心」という言葉もみられ、戌亥脇党が一揆結合であったことを示している。

本来一揆であった戌亥脇党のなかから筒井氏が第一人者としてのちに浮上してこの結合の棟梁となってい

くが、そのような目で三〇人の署名を見直すと興味深いことが指摘できる。筒井氏の家長は興福寺の衆徒となるのが通例であるが、その際、房名(坊名)には「舜」の字を入れて〇舜房あるいは舜〇房とし、諱《いみな》の上の字には「順」の字を用いて順慶《じゅんけい》とか順昭《じゅんしょう》などと名乗った。つまり、筒井氏の僧としての名乗りは、「舜〇房順〇」あるいは「〇舜房順〇」という形になることが多いのである。

問題の額安寺文書の署名をみると、七番目に舜蒙房順慎《しゅんもうぼうじゅんしん》、一四番目に定舜房順円《じょうしゅんぼうじゅんえん》という者がいる。このふたりは筒井氏の名乗りのパターンに当てはまり、筒井氏である可能性が高いだろう。そうだとすると、筒井氏はこのころまだ飛び抜けて有力な存在ではなく、少なくとも形のうえでは順不同に署名する一揆メンバーのひとりにすぎなかったことになる。同氏が一頭抜きんでるのは、もう少しあとのことである。

葛上党　葛上郡(御所《ごせ》市)に形成された武士の結合体である。初見史料は鎌倉時代末期の元亨二年(一三二二)のもので、「葛上の刀禰《とね》である左衛門尉有重《さえもんのじょうありしげ》」が、「今年若宮御祭の流鏑馬の葛上分」を勤めることを示すものである。刀禰というのは、地域によっては村役人のような存在であるが、中世の大和ではもう少し上のクラスで、郡司あるいは国衙の役人レベルの有力者だった。ここでも左衛門尉という官職を帯びているので、武士としてはかなりの身分の者である。党の棟梁級の者であろう。のちには楢原《ならはら》氏がこの党の最有力者として現れるが、「有重」も楢原氏ではないかと思われる。

散在党　この党は、今までにみた五つの地縁的な党とは成り立ちを異にしている。五党に所属せず、国内に散在する武士を便宜組織した集団である。この党に関する史料はあまりない。のちに筒井氏と並ぶ有力者であった南大和の越智氏が棟梁であった。

以上、おん祭の流鏑馬に従事した六党について簡単にみてきた。まず平田庄と長川庄の武士が組織され動員された。両荘が春日社領だったので、使いやすかったのであろう。ついで、一三世紀中頃から一四世紀初めにかけて、長谷川党、戌亥脇党そして葛上党が参加するようになった。長谷川流域すべてが、大和国西北部すべてが、あるいは葛上郡すべてが興福寺あるいは春日社領であったわけではないから、これらの地域の武士の動員は荘園領主権にもとづくものではない。興福寺の大和国に対する公的な支配が鎌倉時代に進行した結果、動員が可能になったのである。

最後に参加したのが、散在党である。興福寺が大和国全体を配下においたとき、国内の各地に勢力をふるった国人たちが流鏑馬を勤めるようになった。このように、大和の武士は、平安時代末以降、興福寺が国内に対して少しずつ拡大・浸透させていった権限に従って、段階的・発展的におん祭の流鏑馬に組織・動員されていったのである。

稚児の流鏑馬　当初、流鏑馬はもちろん成人の武者によって行われた。そして、さきにみたように、武士たちはしばしば流鏑馬の順番を争った。多くの一族・若党を従えた武士たちの口論は、簡単に合戦に発展した。祭礼の庭が流血の場になるのを防ぐためにまず取られたのが、争う党と党を分けるという方法であった。しかし、同じ党のなかでも順番争いは起こりうる。そこで根本的な解決法として次第に採用されていったのが、稚児《ちご》による流鏑馬である。

すでに一三世紀前半には、大人に交じって子供が勤仕している。安貞二年の流鏑馬に何人かの国外の武士が奉仕していたことをさきにみたが、それだけではなく、このとき一一人の射手のうち、三人は太王丸、春徳丸、牛王丸という名の子供であった。室町時代の永享元年(一四二九)、将軍足利義教《よしのり》のお供をして奈良にやってきた醍醐寺三宝院《だいごじさんぽういん》の満済《まんさい》がみたおん祭の流鏑馬は「児《ちご》ノヤフサメ」で、どうやら成人はもはやひとりもいなかったようである。

では、なぜ稚児であれば、順番争いは回避できたのであろうか。つぎの史料はその理由を教えてくれる。一三世紀初めの興福寺別当実尊《じっそん》の日記である。

流鏑馬の順番をめぐって言い争いになった。それで、河合土用丸《かわいどようまる》は子供であるけれど、自分自身が射手を勤めるように仰せ付けた。そうしたところ、兵衛尉広徳《ひょうえのじょうひろのり》は「子供相手に争っても仕方がない」といって、三番目に渡った。

河合土用丸は願主人《がんじゅにん》(後述)であろう。自分が射るのではなく、成人の射手を準備していた。この射手と、兵衛尉広徳が二番流鏑馬をめぐって争ったのである。これを解決するために、実尊は土用丸自身に射るように命じた。そしてこの措置を受けて、広徳は二番を譲って三番に渡った(射た)のである。子供が相手なら、順番が後ろになっても不名誉が避けられたのであろう。

一三世紀後半におん祭の流鏑馬は稚児流鏑馬への移行を完了していたかもしれない。このころ大和国内の武士に対して流鏑馬勤仕を命じる興福寺別会所下文は、つぎのような書き出しであった。

別会所下す　大仏供仲三郎左近将監の子息の所

このあとの文言は、二七ページの下文とまったく同文であるが、興福寺の別会五師は、大和では「子息」、つまり子供の流鏑馬を要求していたのである。弘長元年(一二六一)ころ、平忠綱《たいらのただつな》なる者が一乗院の門主に

出したと思われる書状(『鎌倉遺文』八六九七号)の一節に、

> 重ねて仰せを蒙《こうむ》りましたので、すぐにでも参上すべきでしたが、私の子息の小童が、若宮の流鏑馬に指名されましたので、その準備に忙殺されておりました。

とある。一乗院門主のもとに参上しなかった理由を、子息が流鏑馬に指名されてその準備に追われていたからと述べている。ここからも、流鏑馬の子供化が進行していたことが確認できよう。このように、一三世紀後半には、おん祭の流鏑馬は稚児流鏑馬に変化していたと思われる。

3 流鏑馬頭役

おん祭の流鏑馬勤仕を命じられた者を願主人(単に願主とも)という。願主人の指名を受けた武士は、身心を慎み清らかな状態を保ちながら祭礼に向けてさまざまな準備をしなければならない。その仕事は多岐にわたるが、ここでは流鏑馬チームの編成、宴会、贈り物に即してみていこう。

流鏑馬の一団　おん祭の流鏑馬は、的を射る射手とその馬があればできるというものではなかった。その他に必要とされたおもな人員としては、的立《まとた》て、着背《きせ》、揚《あげ》、練《ね》り童《わらわ》・徒童《かちわらわ》、徒郎党《かちろうとう》、張替《はりかえ》、随兵《ずいひょう》(一族、一族外)、屋形口《やかたぐち》、傅《かしずき》、打込《うちこみ》(殿原《とのはら》、里の者)などがある。的立ては、流鏑馬の三つの的を立てる役割である。着背は着背長《きせなが》のことで、大将の着用する大鎧《おおよろい》の美称である。従者のひとりに壮大で美麗な鎧を着用させて威儀を添えたものであろうか。揚は、揚げの児、揚げの射手ともいわれ、射手に先行して一の的の前まで馬を馳せ、的の前で「祝《いわい》ならびに作法」を行う存在とされる。おそらく何か呪術的な行為、まじないを行った者のことであろう。練り童・徒童や徒郎党は、馬に乗らず徒歩で付き従った者であろう。張替は、張替え弓、さらにその弓を持つ張替持ちのことで、射手の弓の弦が切れた場合に備えて予備の弓を持って従った者である。随兵は、武装した騎馬武者である。随兵一騎につき張替が一騎と徒郎党が何人か従った。屋形口とは、本来牛車《ぎっしゃ》や輿車《よしゃ》の屋形の出入り口のことで、転じてそこで主人を待つ従者のことである。願主人一族の若い者が屋形口を勤めたようである。宵宮詣《よいみやもうで》に際しては、二列で付き従ったというから、その人数は数人以上ということになるだろう。傅の役割はよくわからない。語義から想像すると、願主を全般的に後見し補佐する者であろうか。打込は、近世に乗込といわれたものにあたるだろう。中世では「殿原」(侍身分)と「里の者」(庶民)が大勢、流鏑馬一団の最後列に騎馬で従う。「里の者」という表現から、願主の在地の人間が庶民にいたるまで動員されたことがわかる。

流鏑馬には射手一騎のほかに以上のような人員が必要だった。これらの役にはおもに願主人の一族や家来が動員されたと思われるが、随兵は党内外の武士が相互に勤めたようである。表1は、長川党の随兵を勤めたことがある、あるいは勤める可能性があった国人たちを史料の記載順に表示したものである。国人たちは、他党の願主人の随兵という形でも、おん祭に参加することがあったのである。

富裕な国人が随兵を勤めたような場合は別だったかもしれないが、射手をはじめとして流鏑馬一団の装束の調達・準備、接待・報酬などが願主の責任となった。流鏑馬の装束は、意外なことに貸衣装だった。願主人は京都で各種の装束を借りた。貸衣装屋のことを「装束師」というようであるが、一四世紀からこのような商売が成り立っていたとは驚きである。京都を中心として、畿内の寺社でいかに祭礼がさかんに行われて

表1　長川党の随兵

武士名		本拠地	所属党
箸尾	はしお	広陵町萱野・的場・弁財天	長川
金剛寺	こんごうじ	田原本町金剛寺	長川
伴堂	ともんどう	三宅町伴堂	
片岡	かたおか	上牧町下牧	
立野	たつの	三郷町立野	長谷川
桐谷	きりたに	平群町	
嶋	しま	平群町椿井	
岡	おか	香芝市良福寺・狐井	平田
北角	きたずみ	大和高田市大谷	平田
萬歳	まんざい	大和高田市市場	平田
高田	たかだ	大和高田市旭北町	平田
中村	なかむら	大和高田市東中か	平田
布施	ふせ	葛城市寺口	平田
拘尸羅	くじら	御所市櫛羅	
楢原	ならばら	御所市楢原	葛上
脇田	わきだ	葛城市脇田	
吐田	はんだ	御所市関屋付近か	葛上
糯田	もった	御所市東持田・西持田	
室	むろ	御所市室	
稲屋戸	いなやと	御所市稲宿(いないど)	
越智	おち	高取町越智	散在
五条野	ごじょうの	橿原市五条野町	散在
子嶋	こじま	高取町上子島・下子島	
南郷	なんごう	広陵町南郷	散在
筒井	つつい	大和郡山市筒井	戌亥脇
柄垣			
細井戸	ほそいど	広陵町平尾	平田
岸田	きしだ	天理市岸田町	
河合	かわい	桜井市川合	散在
櫟本	いちのもと	天理市櫟本町	
山田	やまだ	天理市山田町	
福住	ふくずみ	天理市福住町	戌亥脇
長谷川党	はせがわとう	田原本町法貴寺	長谷川
唐古	からこ	田原本町唐古	長谷川
在原	ありはら？		
大木	おおぎ	田原本町大木	
楊本	やなぎもと	天理市柳本町	長谷川
戒重	かいじゅう	桜井市戒重	
江堤	えっつみ	桜井市江包	
大西	おおにし	桜井市大西	散在
大仏供	だいぶっく	桜井市大福	
賀留	かる	橿原市西池尻町	散在
十市	とおち	橿原市十市町	長谷川
味間	あじま	田原本町味間	
木原	きはら	橿原市木原町	
松塚	まつづか	大和高田市松塚	
土庫	どんご	大和高田市土庫	
吉備	きび	桜井市吉備か	長谷川
池内	いけのうち	桜井市池之内か	
安部	あべ	桜井市阿部か	
放野	ほうの	宇陀市芳野	長谷川
志賀	しが	吉野町志賀	
佐味	さみ	田原本町佐味	長川
高瀬	たかせ		
迎田	むかいだ？	奈良市都祁相河町付近か	
小林	こばやし	大和郡山市小林町か	
郡山	こおりやま	大和郡山市南北郡山町	
超昇寺	ちょうしょうじ	奈良市佐紀町	長川
山陵	みささぎ	奈良市山陵町	長川
狭川	さがわ	奈良市狭川町	長川
須川	すがわ	奈良市須川町	
平清水	ひらしみず	奈良市平清水町	散在
長谷	ながたに	奈良市長谷町	戌亥脇
椿尾	つばお	奈良市北椿尾町	
小蔵	おぐら	奈良市都祁小倉町	散在
助命	ぜみょう	山添村助命	
山中	やまなか		
丹生	にゅう	奈良市丹生町	
柳生	やぎゅう	奈良市柳生町	散在

いたかを示す事実であろう。借り賃のことを「損料」といったが、現代の金額に換算して一団の衣装代はざっと二〇〇万円から四〇〇万円程度であった。これだけでもけっこうな負担である。

饗宴　奈良での本番に先行して、頭役にあたった党では、いわばプレおん祭とでもいうべき行事があった。長川党では九月四日あるいは九日のいずれかの日に「広瀬の市」で行われた。四日の市の日か九日の市の日のいずれかということは、この市が四の日と九の日に市が開催される、いわゆる六斎市《ろくさいいち》であったことを示していよう。「広瀬の市」が現広陵町大字広瀬付近のどこにあったのか確証はないが、流鏑馬が終わったあとに「庄本」(箸尾庄であろう)から一献の提供があって与楽寺《ようらくじ》で宴会が行われるので、流鏑馬は同寺の近くで行われたと考えるのが自然であろう。与楽寺といえば、一四世紀の初めに春日社の神鏡が悪党たちに盗み出されたとき、回収拠点のひとつとなった寺である。現在はそれほど大きなお寺ではないが、本来はすぐ南の梵字池一帯を含む広い範囲が寺域であったと考えられる(**図9・10**)。箸尾の集落と与楽寺の周辺は、春日社と密接に結び付いた地であった。

この与楽寺での宴会は、国人や地侍たちの交流・団結の場として大きな意味を持ったと思われる。願主人は有力な国人で射手は多くの場合、その子息である。一〇〇人の客を招いて行われたこの宴会は、願主人が自分の子息や後継者を長川党の内外の武士たちに広く披露・紹介する場としても機能しただろう。またこのような場に席を用意されることは、地域の一員として認められたことになり、国人・地侍たちにとっても軽視できない機会となったことだろう。

長谷川党でも、奈良のおん祭に先行して在地で党内外の武士を集めて流鏑馬が行われた。同党では、法貴寺とその隣の天満宮《てんまんぐう》が会場であった（**図11**）。招待客はかつては一六〇人、一五世紀には一二〇人だったという。途中に馬場での流鏑馬をはさんで宴会が行われ、天満宮の拝殿で猿楽が演じられて閉宴となった。

宴を中座して行われた流鏑馬は、じつは天満宮の祭礼の一部であった。九月一八日に天満宮の神はお旅所に遷座し、流鏑馬はお旅所にお出ましになった天神に奉納する神事であった。この祭礼形態は、おん祭とそっくりである。つまり、在地でミニおん祭が行われていて、それがプレおん祭としても位置付けられ組織されていると考えることができる。長川党と長谷川党以外の四党の拠点寺院がどこであったのか、残念ながら手がかりがないが、他党でもおん祭とリンクした祭礼や宴会が行われていたと考えられよう。

奈良では願主人の宿舎である大宿所《おおしゅくしょ》で宴会があった。もっとも重要なものは、宵宮詣のあとのものであ

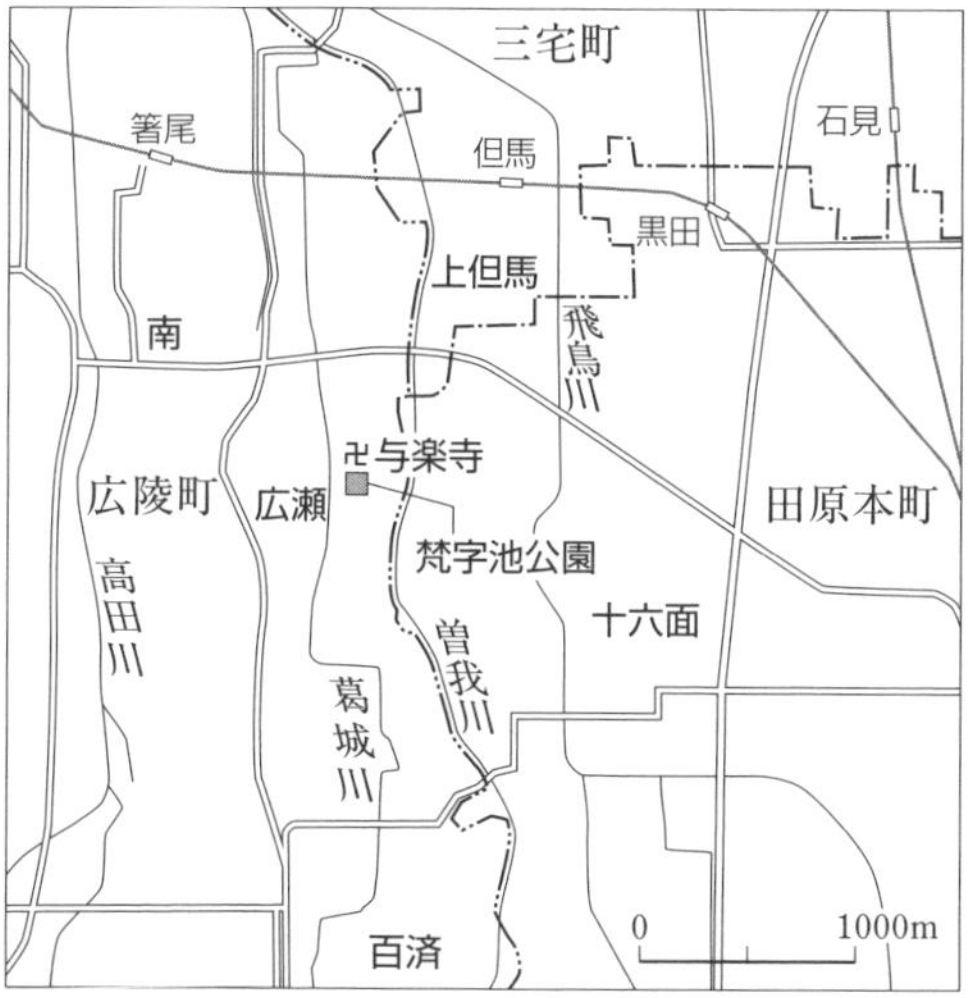

図9　与楽寺周辺

図10　広瀬の与楽寺（抜苦院）

図11　法貴寺隣にある天満宮（現池坐神社）

ろう。祭礼前日の夕刻、願主人と射手を中心として流鏑馬の一団は春日社の大宮と若宮とに参詣し、祓い、奉幣《ほうへい》、神馬の奉納、神への奏上と思われる「申上」、巫女《みこ》や白拍子《しらびょうし》による舞などが行われた。その後、馬場の下見および願主別に一騎ずつの宵宮流鏑馬が行われ、それぞれの大宿所に戻って宴会が行われた。翌日の随兵を勤める人びとが招待され、一団とともに願主人の一族・殿原によって手厚くもてなされた。通常初献から三献までで、五献におよぶこともあった。

宴会に来る客はそれだけではなかった。興福寺の衆徒は、祭礼前夜に大湯屋で集会を持ち、蜂起《ほうき》という儀式を行う。これは、春日社一の鳥居や興福寺南大門などを出入りして行われる呪術的な儀式で、清めや祓いを目的としたものと思われる。この大湯屋集会の場から、名前(童名《わらわな》)を記した折紙《おりがみ》の提出が願主人に命じられる。その折紙を受け取りに、興福寺の下級職員である中綱《ちゅうごう》・仕丁《じちょう》(俗体)が五〇人あまりも大挙して大宿所にやってくるのである。もちろん、中綱か仕丁がひとりやってくれば、実際には用がすむのであるが、中綱や仕丁にとっては願主からのふるまいや祝儀が目的なのである。中綱らは願主人の中間《ちゅうげん》の酌・陪膳《ばいぜん》によって饗膳に預かり、願主によってはさらに「ココロサシ(志)」が支給されたが、それが彼らのいわば既得権になっていたのである。

神楽銭・送り物　話の順序が前後するが、宵宮詣の朝、願主人は若宮拝殿へ御神楽銭を届けなければならない。さらに垸飯《おうばん》、酒肴、樽《たる》、鳥、兎、魚、破籠《わりご》(お重のようなもの。檜の白木製。破籠に詰めた料理を指すか)、粽《ちまき》、折敷餅《おしきもち》などを折紙に記して送る。拝殿の沙汰人はこれに対して受け取りを出した。

この御神楽銭と進上品の額や量がときとして問題となった。江戸時代の初めの史料に、文明年間(一四六九〜八七)から天正年間(一五七三〜九二)にかけての御神楽銭などの額や数として、神楽料米五〇〇石(あるいは五〇〇貫文)、酒樽五〇荷、白鳥二(または鳩、鶴)、雁《がん》二〇、鴨《かも》二〇番、雉《きじ》二〇懸、兎《うさぎ》二〇耳、鯉《こい》二〇喉、鯛《たい》二〇懸という数量が記されている。五〇〇貫文といえば、現代の五〇〇〇万円から一億円の間で、相当な金額であるが、実際に文明一六年(一四八四)、越智家栄《いえよし》が願主人を勤めたとき、「宮本積銭《つみせん》一〇〇〇貫」という史料が残っており、彼は巨額の御神楽銭を奉納したようである。

しかし、願主人は家栄のような富裕な国人だけが勤めるのではない。翌年の文明一七年、「郡山中《こおりやまなか》一門」といわれる武士が五人合同で願主人を勤めた。そして「拝殿進物」として三〇貫を進上したところ、最低でもひとりあたり一〇貫文だ、このような低額は先例がないといって拝殿側は受け取りを拒否し、御神楽を行うことを拒否した。それでやむなく願主人たちは急遽二〇貫文を工面して納めたという。

願主人が随兵を大宿所でもてなしたことはすでにみたが、随兵には宴会とは別に酒や魚鳥が贈られた。錦や染め物などの引出物が添えられることもあった。このような贈り物はどうやら広く関係者に対して行われたようで、大乗院門主の尋尊《じんそん》のもとに届けられることもあった。例えば、文明二年(一四七〇)に大乗院方の国民である十市遠清《とおききよ》が願主人を勤めたが、「雁二羽　鳥三双　鴨三双　鯉二喉　鯛三懸　鮨桶《すしおけ》二　榼五荷　分子《わりご》三十合　折敷餅三十　粽三束」が十市父子から届けられた。尋尊はこれらの品々を、応仁・文明の乱を避けて京都から奈良に来ていた父の一条兼良《かねよし》に進上し、一部を大乗院の中童子や小者に分け与えた。

以上、願主人の仕事と負担の一端をみてきた。長川党の流鏑馬頭人の負担をみると、控えめに計算してみても現代の金額に換算して二〇〇〇万円から三〇〇〇万円程度にはなるようであるが、このような大変な役割を勤めることには、どのような意味があったのだろうか。最後にそのことをみておこう。

勤仕の功徳　長川党の系譜を引く願主人の家に伝えられた『長川流鏑馬日記』（口絵⑧）は、至徳元年（一三八四）の奥付を持ち、ここまでの叙述においても依拠してきた重要な史料であるが、その末尾のほうに流鏑馬頭役勤仕の功徳として、つぎのようなことが記されている。

願主は又子々孫々にいたるまで、現世にては富貴《ふうき》栄花にほこり、寿命長遠にして、心中所願一々円満せしめ、ことには来世にては必しも善所に生まれ、仏果を得せしむること何の疑いのあるべき

要するに、頭役勤仕によって、願主人はもとより、子孫にいたるまでこの世では富裕で長生きで所願がかない、来世には成仏できるというのである。

そして、おそらくそれだけではなかった。願主人のなかには、頭役を口実にして領内の寺社に夫役《ぶやく》（労役）を賦課し、流鏑馬米と称して百姓に貸し付けていた米を無慈悲に回収し、富裕者には有徳銭《うとくせん》をかけ、さらに巨額の助成を人びとに要求する者もいたという。もちろん、これらの行為は非難されているのだが、在地の武士たちが流鏑馬頭役という神事の勤仕を、自分たちの領内支配や収奪強化のいい機会ととらえて利用していた可能性が考えられよう。流鏑馬頭役ひいてはおん祭は、武士の在地支配を支えるという一面を持っていたのである。

コラム　うまい酒を確保する

祭りに酒はつきものだが、長川党の記録には以下のようなことが書かれている。願主人(流鏑馬頭人)は、どのくらいの酒が必要か、よく考えておくべきだ。若宮拝殿、大宮(春日本社)、東大寺の八幡宮、流鏑馬に従事する揚、随兵、射手、傅《かしずき》などに贈る分、また大宿所の宴には一膳につき一升として必要な分、それに願主の「器量(負担能力)」によって準備すべき「余分」、これらが総計どれほどになるか計算しておけということである。現在の一升より容量が小さいはずであるが、宴会でひとり(「一膳」)平均一升飲むという予想はおもしろい。

つぎのような指示もある。酒の助成《じょじょう》(援助)をしてくれるという人には、願主人のほうから酒屋を指定して酒代を支払ってもらい、願主人の奉行人が酒を取りに行くのがいい。人夫が運んでくる酒は、人夫が水を入れるので不味《まず》いというのである。運ぶ途中で酒を少し盗み飲みし、その分の水を足してごまかそうとする人夫の姿が目に浮かぶだろう。また、酒を助成してくれる人がいなければ、「願主の所」で酒を造って奈良に送れ、あるいは、奈良に知人がいれば、あらかじめ米を送り酒を造ってもらえともいう。中世の酒は、どこでも比較的簡単に造れたのだろう。

鎌倉時代の説話集『沙石集《しゃせきしゅう》』にも、酒に水を入れて売る尼と、それをやめさせようと画策する周辺の飲兵衛《のんべえ》たちの話がある。「水くさい酒」はごめんだ、うまい酒が飲みたいという気持ちはよくわかる。

第三章　田楽と僧侶

1　田楽・御霊会・田楽装束

田楽

田楽《でんがく》は、お旅所《たびしょ》ではもちろんのこと、おん祭の期間中にほかの場所でも何度か行われる主要な神事芸能のひとつである。詳しいことで定評のある日本語の辞書は、田楽をつぎのように説明している。

平安時代から行なわれた芸能。もと、田植えの時に田の神をまつるため笛・太鼓を鳴らして田の畔で歌い舞った田舞(たまい)に始まるという。やがて専門の田楽法師が生まれ、腰鼓・笛・銅鈸子(どびょうし)・編木(びんざさら)などの楽器を用いた群舞と、高足(たかあし)に乗り、品玉を使い、刀剣を投げ渡しなどする曲芸とを本芸とした。鎌倉時代から室町時代にかけて田楽能を生んで盛んに流行し、本座・新座などの座を形成し、猿楽(さるがく)と影響しあった。のちに衰え、現在は種々のものが民俗芸能として各地に残っている。（小学館『日本国語大辞典　第二版』）

これは、これまでの学説をバランスよく踏まえた、簡にして要を得た記述である。そして参考図として、『年中行事絵巻』の一場面を載せている(図12)。ここでは門の前で、七、八人からなる田楽の一団が笛、太鼓、編木で演奏し、その真ん中で鼓と思われるものをひとりの田楽師が放りあげている。笛の奏者の後方には、高足と思われるものを持った法師がひざまずいている。ここにみる田楽は、にぎやかな演奏を伴った曲芸や軽業《かるわざ》である。

図12　田楽の一団（『年中行事絵巻』）

図13　祇園御霊会の騎馬田楽（同上）

御霊会　田楽は御霊会《ごりょうえ》と密接な関係があった。図13は祇園《ぎおん》御霊会（祇園祭）のもので、『年中行事絵巻』には稲荷《いなり》祭の田楽もある。稲荷祭も御霊会である。

非業の死を遂げた人物、何か大きな恨みを飲んで死んでいった人の霊は怨霊《おんりょう》となる。怨霊は、そのままにしておくと、生きている人や社会に祟《たた》りをなす。怨霊はしかし、慰撫し鎮魂すること、つまり祀ることによって人や社会を保護する御霊に転換する。九世紀の中頃からこのような御霊信仰がさかんになったが、御霊会とは御霊を祀る祭礼である。強い力を持つ御霊を人間の味方にすることによって、それほど威力のないその他の怨霊やその祟りを抑え込んでもらおう、追い払おうとする祭りである。夏に御霊会が多いのは、中世ではやり病は怨霊のせいと考えられ、人びとが密集して暮らす都市では夏に伝染病が蔓延《まんえん》しやすいからである。

　怨霊を抑え込む、追い払うという目的を持つ御霊会で田楽が行われるのは、田楽が災いをもたらすたちの悪い神を撃退する芸能だったからである。「日吉《ひえ》雑記／田楽事」という史料は、京都や奈良の田楽法師の家ならたいていその写しを伝え持っていたといわれるものであるが、これには田楽がどのような目的を持つ芸能であったのかが端的に語られている。

　右、天地の夭災（妖災）を攘《はら》い、神人の寿運を保つこと、偏《ひとえ》にここにあり。（中略）これを見るに、すなわち三障《さんしょう》四魔《しま》、驚き怖れて遙かに万里の外に去り、これを聞くに、すなわち四趣三悪、自然に滅し、万徳の楽を受く。誠にこれ鎮護国家の秘術、保運長久の妙曲なり。

田楽は天上や地上の妖しい災気を払い、神と人の幸運を保つもので、これをみれば三障（善根を妨げる三つのさわり。煩悩障《ぼんのうしょう》、業障《ごうしょう》、報障）四魔（人心を迷わせて死にいたらしめる四つのもの。煩悩魔《ぼんのうま》、五蘊魔《ごうんま》、死魔、天魔）が恐れて遠くに去り、これを聞くと四趣（地獄、餓鬼《がき》、畜生《ちくしょう》、修羅《しゅら》の四悪道）三悪（地獄、餓鬼、畜生の三悪道）は自然に消滅するというのである。さらに、刀玉《かただま》については、「この舞曲とは、神の振る舞いなり。神の成すところ、皆天地安寧《あんねい》の術なり。故に天災を攘う義なり」と、これを天災を払う芸と解説し、高足に関しては「高足というは、地夭を攘う義なり。地を結ぶ意なり」といってこれを地上の災気を払う芸、所作として説明しているのである（図14）。

　一般に若宮といわれる神は若くて荒々しい、祟りをなす存在で、本社の神のもとでおとなしくしていることを期待された神である。おん祭の式日は夏ではないが、春日若宮神を慰めるおん祭もまた御霊会としての

図14　高足(『大江山絵詞』)

性格を持つ。田楽が若宮のおん祭で奉納される中心芸能であるのは、ごく当然だということがわかるだろう。

田楽装束

ところで、これからみていく田楽頭役《とうやく》は、おん祭に出仕する本座・新座各一三人の田楽法師に田楽衣装を新調して下げ渡す役割、あるいはその役割にあたった人のことである。おん祭の場合、田楽法師が二座出仕したので、頭役は毎年ふたりの僧が興福寺《こうふくじ》の学侶《がくりょ》(学僧)のなかから指名された。

贅《ぜい》をつくした豪華な田楽衣装を一三人分準備するのには多大な費用を要した。この費用を自前でまかなえるような富裕な僧はほとんどおらず、したがって田楽頭役に指名された者は、縁者や知人などに助成を求めることになる。新古今時代の代表的な歌人である藤原定家《さだいえ》の甥長賢法眼《ちょうけんほうげん》の場合をみてみよう。

定家の日記『明月記《めいげつき》』によると、長賢は安貞元年(一二二七)に田楽頭役に指名された。彼は、知音の人びとに助成を依頼するために奈良から京に上り、定家の家にしばらく滞在した。長賢は、左大臣まで昇り三条入道左府《にゅうどうさふ》と呼ばれた三条実房《さねふさ》の猶子《ゆうし》(養子)になっていた関係で、三条家の人びと——前太政大臣公房《きみふさ》、権大納言実親《さねちか》、中納言公氏《きみうじ》、従三位公俊《きみとし》、東寺の覚教僧正《かくきょうそうじょう》など——や、遠縁で右兵衛督《うひょうえのかみ》であった大炊御門光俊《おおいみかどみつとし》らから、助成の約束を得ることに成功した。奈良でも興福寺別当であった大乗院の実尊、前別当である範円《はんえん》僧正などから援助を引き出した。こうした努力の甲斐があって、長賢はこの年「甚だ美麗の由、衆徒褒誉」するほど立派な田楽装束を準備することができた。

おん祭に限らず、田楽の衣装は豪華なものであった。北条高時《たかとき》は、田楽にふけって政務を顧みず、「田楽のほか他事なく候」と非難された鎌倉幕府最後の実権者であるが、『太平記《たいへいき》』によると、高時は「新座・本座の田楽を鎌倉に呼び下して日夜朝暮、田楽にふけった。興が高じておもだった大名たちに田楽法師をひとりずつ預けて装束を飾らせたので、これは誰々殿の田楽法師、あれは誰々殿の田楽法師などといって、金銀珠玉をふんだんに使い、綾羅錦繍《りょうらきんしゅう》を競った」という。

僧が田楽装束のために必死になって走り回ることに対しては、本分を見失ったこととして批判があった。一三世紀の初めに華厳宗《けごんしゅう》の再興などに力をつくした明恵《みょうえ》上人(高弁《こうべん》)は、田楽頭役に指名されたさる学僧が助成依頼に奔走しているという話を聞き、「昔は真実不変の理法を追い求め、弟子にも説いた。末代の今は、真理を悟る知恵もなくなり、世間体を大事にして俗事を優先させる。それだけでなく、寺の興隆・仏法の紹隆といって、田楽・猿楽の装束に心を費やして一生を送る」と痛烈な感想をもらしている。

過差禁制　行き過ぎた贅沢《ぜいたく》や華美を戒める過差《かさ》禁制は、興福寺自身から何度も出された。平氏の南都焼き討ち後に興福寺の別当に就任した信円は、寺社の再建にあたって八ケ条からなる寺辺新制《じへんしんせい》(寺院法)を治承五年(一一八一)に発布したが、そのひとつは、「若宮祭田楽装束花美の事」を戒めるもので、「錦、金物、引折《ひきおり》、生衣《すずしのきぬ》、織指貫《さしぬき》等」は禁止された。同様の禁令は、建久(一一九〇～九九)、元久(一二〇四～〇六)、嘉禄年間(一二二五～二七)などにも出された。

しかし、はるか時代が降った寛正四年(一四六三)になっても事態はそれほど変わっていない。この年、興福寺の学侶は、「近年、興福寺や大和《やまと》の国中では贅沢を好み、身が困窮することを顧みない。その結果、寺役やさまざまの仕事が滞っている」として、「田楽の装束は、頭人の身分相応のものであるべきなのに、豪華なものはとても準備できないという理由で辞退しようとする。とんでもないことだ。昔のように平絹《ひらぎぬ》・下《すそ》濃《ご》程度のものでよい」とした。このとき、「弘長・弘安の宣下、ならびに応永年中の度々の掟の旨を守り」といわれているので、嘉禄以降も弘長(一二六一〜六四)、弘安(一二七八〜八八)、応永(一三九四〜一四二八)と引き続き折に触れて田楽装束の華美は禁止されたことがうかがえる。

ところで、何度も繰り返して同じ趣旨の禁止令が出るというのは、どういうことであろうか。それは、もちろんその禁令が守られないからである。田楽装束調進にかかわった中世の人たちは、過差の禁令は「守らなくてもやむを得ない」と考えていたのではなかろうか。禁止を命じる側も、どれだけ本気で取り組んでいたか疑わしい点がある。さきにみた寛正度の禁令の場合、「平絹・下濃程度のものでよい」と述べたあとで、学侶は「ただし、分限の躰(裕福な者)は、制(禁止)の限りに非ず」といって、大きな抜け道を残したのである。禁止する側も、本気だったかどうか怪しい。

じつは私は、中世の人びとはもっと積極的に、過激に考えていた可能性もあると思っている。つまり、「田楽装束の過差禁令は守ってはいけない」と。「きんきら金の派手なものでなければ田楽装束ではない」、「地味なもので魔除けができるか」という思いが人びとの間に広く根強くあったのではなかろうか。目もくらむばかりの極彩色の豪華な衣装は、あっと驚く曲芸、人間業とは思えない軽業、太鼓や銅鈸子や笛の騒がしい演奏などとともに悪魔払い、妖災払いに必要なものと考えられていたのではないだろうか。一向に守られる気配のない過差禁止令をみていると、私にはそう思えてならない。

2 強制される「贈与」

学侶の役割　さきに述べたように、田楽頭役は興福寺の学侶の役割であった。いいかえると、田楽頭役を勤めるには学侶でなければならなかった。学侶には、摂関家出身で門跡《もんぜき》(門主)と呼ばれた高貴な身分の者から、中下級貴族や官人の家出身で凡人と呼ばれたふつうの学僧までいた。大和国の武士の家の出身で興福寺に入った者は、学侶身分となる者もいたが、多くは衆徒《しゅと》として組織された。もちろん学侶のほうが衆徒より上位の僧集団である。

学侶のなかから毎年二名が指名されて田楽頭役を勤めたが、おもしろいことに頭役指名権は学侶集団になく、身分が下の衆徒集団にあった。学侶が集まって自分たちのなかから頭役を選ぶということではないのである。これとは反対に、国内の武士が勤める流鏑馬頭役の指名権は、衆徒にではなく学侶にあった。ちょっとおもしろいねじれ現象であるが、これは衆徒とか大衆といわれ本来ひとつであった興福寺の僧集団が、鎌倉時代後期に学侶・六方《ろっぽう》集団と衆徒集団とに分裂する過程で生じたことと思われる。経済的な理由などをあれこれ申し立てて田楽頭役を忌避する学侶が相次ぎ、頭役の指名ができないようなときには、衆徒は自分たちより上位身分である学侶集団を処罰することもできた。

大乗院と一乗院の両門跡も頭役に指名された。門跡が頭役ということになれば、一般の学侶と同じというわけにもいかない。頭役は「門跡一代一度の大役」といわれ、大仕事であった。門跡が頭役を勤める時期に関しては、いつと決まっていたわけではない。維摩会《ゆいまえ》の講師を勤める以前の若いころでもよかったし、興福

図15　大乗院尋尊

寺の別当を勤め終えたあとでもかまわなかった。門跡側の所存をうかがって衆徒のほうから申し勧めるのが慣例であった。ふたりの頭人のうち、通常門跡のほうが僧位が上であったが、たとえ下であっても、門跡が本座・新座の二座の田楽のうち本座のほうの装束を受け持った。

大乗院尋尊　前置きはこれくらいにして、以下大乗院《だいじょういん》門跡である尋尊《じんそん》(図15)の田楽頭役をみていこう。長禄元年(一四五七)から三年連続で衆徒の打診を退けた尋尊は、長禄四年にもうこれ以上は引き延ばせないと観念したのであろうか、二月には衆徒に対して強い影響力を持った筒井光宣《こうせん》に相談し、この年の頭役を勤仕することが決まった。

六月一日には正式な通知が大乗院にきた。あらかじめわかっていたことだが、正式な通知を受け取って尋尊は急に不安になった。大乗院には相談相手になる評定衆《ひょうじょうしゅう》がいない、大乗院の建物の修理にも費用がかかるなどがその理由であった。通知が大乗院に来た日、尋尊はたまたま奈良市内の新浄土寺に参詣していた。これも何かの縁と思ったのであろう、尋尊は新浄土寺の本尊である愛染明王《あいぜんみょうおう》に頭役が無事にはたせるように祈願することにし、願文《がんもん》を認めた。その願文は残っていないが、のちの門跡で何をするにしても尋尊の例にならった経尋《きょうじん》が「長禄の佳例」にしたがって作成した願文の案が残されている。この案から尋尊の願文を復元してみると、つぎのようになる。

立願し奉る

愛染明王法百座の事

右、当年の春日社若宮祭田楽頭役勤仕成就のとき、新浄土寺において果たし遂げ奉るべき状、件の如し。

長禄四年庚申六月一日　前大僧正尋尊敬白

無事に勤めをはたせたら、そのお礼に新浄土寺で一〇〇座の愛染明王法を行うというのである。要するに、愛染明王との取引である。どうも尋尊の神仏に対する考え方はこの程度のようである。大僧正という聖界の最高位をきわめたにもかかわらず、高度な教学や哲学に裏打ちされた信仰はないようである。それは逆にシンプル、素朴で、大変わかりやすいといえよう。

表2　大乗院に仕えた人びと(文明ころ)

出世(良家)	仏地院以下	9人
坊官(世間)・侍	清賢以下	9人
上下北面	良祐以下	19人
院仕	教観以	2人
御童子	千松丸以下	6人
力者	正陣以下	7人
牛飼	千代松以下	2人
坊人	古市以下	39人
その他,「別給輩」	慶英以下	16人

奉行任命　しかるべき評定衆が大乗院にはいないと嘆いていた尋尊であるが、だからといって自分ひとりで大仕事に立ち向かったわけではない。大乗院に所属する「出世・世間」といわれるクラスの僧たちのうち八人を奉行《ぶぎょう》として仕事を割り当てた。仕事の分担表を奉行のひとりである隆舜《りゅうしゅん》法眼に書かせ、大乗院の中《なかの》屋《や》と呼ばれる部屋の長押《なげし》に貼らせた。なお、文明元年(一四六九)ころ給分をもらって大乗院に仕えた人びとの人数を、ほぼ身分順に表2に表示した。この表に明らかなように、出世・世間は、院家に仕える僧俗のうちトップクラスの僧のことである。

反銭　田楽頭役は莫大な費用がかかる仕事である。とくに門跡が勤めるとなれば、すべてにわたってその地位にふさわしい格式を示さなければならない。そのための莫大な費用は、大乗院の荘園の民衆や末寺などに転嫁された。

まず、大乗院が大和国内に持つ荘園に反銭《たんせん》がかけられた。表3の荘園である。これらの荘園の定田《じょうでん》と呼ば

表3　大乗院領荘園

荘園名	所在地	定田数
神殿庄	奈良市神殿町	33町か
楊本庄	天理市柳本町	72町1反
倉庄	天理市蔵之庄町	27町8反
出雲庄	桜井市江包	19町3反
九条庄	天理市九条町	43町9反
興田庄	天理市柳本町	7町
森屋庄	田原本町笠形	38町
小大田庄	桜井市太田	3町7反
楠本庄	橿原市葛本町	11町7反
羽津里井庄	桜井市巻野内	3町9反
西山庄	奈良市石木町	4町2反か
新治庄	広陵町か	11町5反か
大市庄	天理市柳本町	5町2反
小矢部庄	田原本町矢部	4町2反
草川庄	桜井市草川	5町9反
小吉田庄	斑鳩町小吉田	10町1反か
川合庄	桜井市川合	5町7反
池尻庄	橿原市東池尻町	3町7反か
東井殿庄	大和郡山市井戸野町	16町か
越田尻庄	大和郡山市下三橋町	19町9反
曽我部庄	天理市武蔵町	5町4反か
狭竹庄	川西町結崎	12町9反
八条庄	田原本町千代	35町2反
小林庄	田原本町黒田，三宅町但馬	1町7反
三井庄	斑鳩町三井	6町4反か
服庄	斑鳩町服部	6町4反か
院入庄	桜井市芝	13町
小路庄	天理市小路町	4町7反か
若槻庄	大和郡山市若槻町	31町6反
高田庄	大和郡山市高田町	15町5反
外河庄	大和郡山市外川町	8町6反
新木庄	大和郡山市新木町	11町9反
横田庄	大和郡山市発志院町	18町2反
海智庄	天理市海知町	17町3反
勾田庄	天理市勾田町	11町9反
大宅寺庄	奈良市山町	4町5反
波多庄	奈良市北椿尾町	5町1反
尺度庄	葛城市尺土	12町8反
鳥見庄	生駒市上町	6町3反
豊国庄	葛城市笛堂	33町5反か
中庄	天理市中町	6町5反か
古木新庄	橿原市醍醐町，四条町付近	7町1反
古木本庄	橿原市醍醐町，四条町付近	8町8反か
田井庄	天理市田井庄町	30町
横田本庄	大和郡山市横田町	30町
伊豆庄	大和郡山市伊豆七条町	19町9反
七条庄	大和郡山市伊豆七条町	7町5反
浄照田庄	奈良市大安寺町，八条町付近	6町6反
窪城庄	奈良市窪之庄町	22町8反
目安庄	斑鳩町目安	3町8反か
福田庄	斑鳩町五百井	8町か
備前庄	天理市備前町	18町2反
西井殿庄	大和郡山市井戸野町	11町3反か
糸井庄	田原本町法貴寺付近	9町2反
五位庄	橿原市五井町	2町か
上総庄	天理市上総町	9町2反
立野庄	三郷町立野	22町4反か
中津鳥見庄	奈良市三碓町	57町7反か
村馳庄	天理市庵治町	2町9反
龍花院新田庄	(散在荘園)	9町3反か
福島市庄	奈良市古市町	15町5反
清澄庄	大和郡山市椎木町	12町6反
新免庄	奈良市法蓮町	17町か
長屋庄	天理市西井戸堂町	13町4反

れる課税対象地一反《たん》(約一二〇〇平方メートル)あたりに一〇〇文である。このような臨時の賦課は、年貢や公事とは別にしばしば賦課されたが、つねに問題なく簡単に徴収できたわけではない。衆徒から頭役勤仕の打診があると、門跡は反銭徴収が困難であることを理由に辞退の姿勢をみせる。そうすると、在地の武士出身である衆徒は、徴収への協力を約束せざるを得ない。実際、衆徒の武力を背景に反銭は徴収された。荘園領主の支配から離脱していこうとする在地の荘園が、衆徒の力によってつなぎとめられるのである。つまり、田楽頭役は、荘園支配の立て直しや引き締めにつながり、門跡にプラスに作用する面を持っていたのである。越前《えちぜん》(福井県)の河口《かわぐち》庄でも同様のことがみられた。自力では荘民から反銭を取れない尋尊は、戦国大名である朝倉氏に取り立てを依頼した。今年は田楽頭反銭をかけるから控えてほしいという理由で、室町将軍からの賦課を河口庄から排除することにも成功した。

そしてこの年、大乗院からかけられてきた田楽頭反銭に河口庄の百姓は塗炭の苦しみを味わった。荘民らは「大風」(台風か)や「大水」による被害が大きいとして何度か延納や減免を尋尊に要請したが、認められなかった。翌年になっても反銭を完納することはできなかった。河口庄は、じつに悲惨な事態に直面していたのである。長禄四年の翌年である寛正二年(一四六一)七月の尋尊の日記には、つぎのようなことが記されている。

河口庄から百姓の注進が到来した。去年の冬より当月にいたるまで餓死者は九千二百六十八人ということである。また逐電(逃亡)した者は、七百五十七人。以上は河口全体の分である。とくに去年の田楽反銭については、このような状態ではとても納めることはできないということである。百姓ふたりを奈良に送って上申してきた。

これは寛正の飢饉《ききん》の悲惨さを伝える記述としてしばしば引かれる記事である。この飢饉のとき、京都では捨てられた死体が鴨川の流れをせき止め、西国では人肉を食べる光景がみられたという。全国的な大飢饉で、越前も例外ではなかったのであるが、尋尊がかけた田楽頭反銭が河口庄では百姓の苦しみに追い打ちをかけたのである。越前から奈良にやってきたふたりの百姓は、国元の悲劇を訴えた。しかし、それでも尋尊は反銭を取り続けた。結局、朝倉氏を通じて少なくとも六〇貫文、百姓らから直接に一八二貫一〇〇文が取り立てられた。かなり誇張された数字と思われるが、死亡・逃亡をあわせて一万人を超える災害時であったにもかかわらずである。

訪銭　大乗院の末寺や坊人《ぼうにん》(門跡に仕える武士)には、訪銭《とぶらいせん》あるいは御用銭といわれるものがかけられた。表4はこのとき対象となった末寺と各寺が要求された金額の、同じく表5は坊人の一覧である。ここでも悲劇が起きた。

表4にみられるように、長岡寺は二五〇貫文の御用銭を要求された。長岡寺は長岳寺あるいは釜口《かまのくち》とも書かれ、現天理市柳本町にある真言宗の古刹である(**図16**)。一五世紀には興福寺大乗院の末寺だった。

閏《うるう》九月八日、末寺に対して使者が下されて大乗院側の要求額が伝えられた。永久寺、平等寺、信貴山《しぎさん》などと比べると長岡寺の額は突出して高額である。尋尊には最初から含むところがあった。

翌九日、長岡寺の公文が尋尊のもとに参上し、八貫文お納めしましょうと上申した。二五〇貫文の要求に対して八貫文という回答である。一見まったく話にならない、人を食った回答のようにもみえるが、一一〇

表4　大乗院の末寺と賦課された御用銭の額，実際の納入額

永久寺(天理市杣之内町，廃寺)	110貫	17貫
長岡寺(長岳寺，天理市柳本町)	250貫	100貫
平等寺(桜井市三輪，廃寺)	100貫	8貫
安位寺(御所市櫛羅，廃寺)	50貫	6貫
信貴山(朝護孫子寺，平群町信貴畑)	120貫	12貫
萱尾寺(円楽寺，天理市萱生町，廃寺)	20貫	2貫
中山寺(興法寺，天理市中山町，廃寺)	20貫	4貫
長谷寺(桜井市初瀬)	100貫	10貫

表5　大乗院の坊人と納入額

坊人名	本拠地	納入額
筒井	大和郡山市筒井町	10貫
丹後庄	大和郡山市丹後庄町	
瓜生	奈良市六条町	
北院	奈良市西ノ京町	
白土	大和郡山市白土町	
福西	奈良市大和田町付近か	
小林	大和郡山市小林町か	2
法貴寺一党	田原本町法貴寺付近他	10
森屋一党	田原本町笠形付近他	1.5
糸井衆	田原本町法貴寺付近他	1
鞆田	奈良市都祁友田町	
同室	奈良市都祁友田町付近か	
豊田	天理市豊田町	3
庵治辰巳	天理市庵治町	1
萩別所	天理市別所町	2
古市	奈良市古市町	
松立院	斑鳩町法隆寺	1
知足院	斑鳩町法隆寺	1
山村	奈良市山町	1
窪城	奈良市窪之庄町	
辻子	生駒市辻町か	
楢原	御所市楢原	5
目安	斑鳩町目安	1
箕田	大和郡山市白土町	
楊本	天理市柳本町	5
南郷	広陵町南郷	2
出雲両下司	桜井市江包	
十市	橿原市十市町	
八田	田原本町八田	2
新賀	橿原市新賀	1
吉備	桜井市吉備か	2

貫文を要求された永久寺の実際の上納額が一七貫文、同じく一〇〇貫文だった平等寺の上納額が八貫文、同じく一二〇貫文だった信貴山の実際の上納額が一二貫文だったことから考えると、それほど特異な話でもない。しかし尋尊は、反抗しがちな同寺をこの際たたいておこうと考えていたのである。予定通り、尋尊は「叶《かな》うべからず」、つまり八貫文ではだめだとして公文を追い返した。

追い返されても、二五〇貫文などというべらぼうな要求は飲めるものではない。長岡寺は頑強に抵抗した。これに対して尋尊は「厳密の沙汰」、つまり武力行使に動き出す。

二七日、尋尊は使者ふたりに酒樽以下を持たせて長岡寺近傍の有力国人である十市遠清《とおちとおきよ》のもとに下し、長岡寺を武力で制圧せよと命じた。これに対して遠清は即答を避けた。十市氏は、おそらく一族が何人か長岡

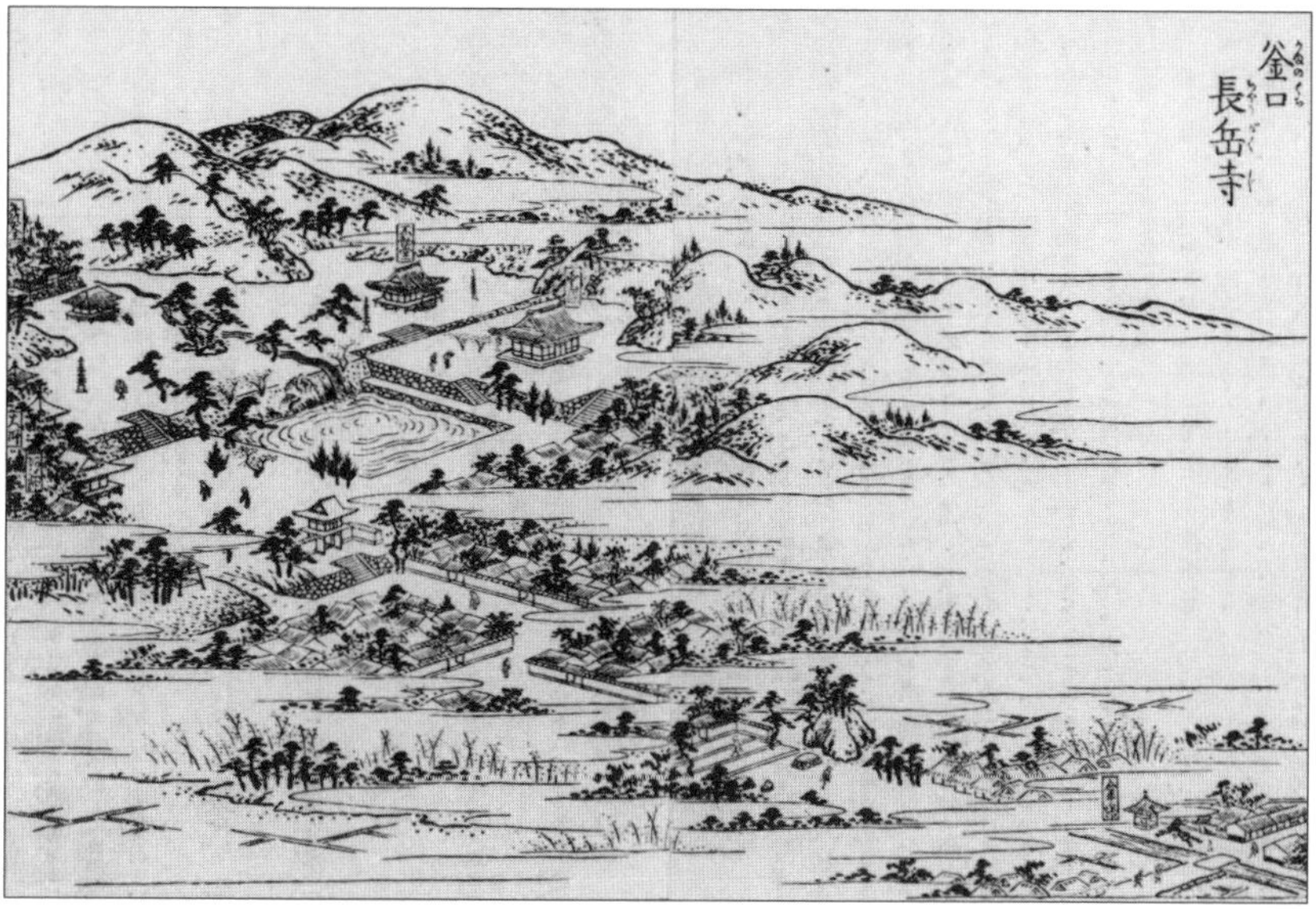

図16　釜口長岳寺(『大和名所図会』)

寺に入っていた。したがって遠清は、できるだけ穏便にことをすませたかったと思われる。

その後、筒井光宣にも武力行使をせっつかれて遠清はしぶしぶ承諾するが、なかなか決行しようとしなかった。一〇月九日には、しびれを切らした尋尊が「早々に発向《はっこう》すべし」と重ねて命じた。この間、長岡寺の僧らは懸命に、さまざまのルートやコネを通じて尋尊に働きかけて事態の打開を図ったが、尋尊の強硬姿勢が変わることはなかった。

そしておん祭の二日前の一一月二一日、やむを得ず遠清はついに長岡寺を攻撃した。尋尊は日記に「釜口のこと、今日十市方より矢負《やお》い百人分これを付く。もってのほか厳密の沙汰に及ぶと云々。珍重《ちんちょう》のものなり」と記した。「矢負」いは、矢を背負った武者のことである。遠清は一〇〇人の部隊を送り、「もってのほか厳密の沙汰(徹底した仕置き)」をしたのである。抽象的な表現だが、その向こうに緊迫した、あるいは悲惨な光景がみえるだろう。このあと、長岡寺関係の記事はしばらくないが、結局同寺は一〇〇貫文を納めた。尋尊の全面勝利であった。

すべては「贈り物」

有徳《うとく》とは、中世ではお金持ち、富裕者のことである。大乗院の所領、とくに末寺のなかに有徳人がいたが、彼らには金持ち税＝有徳銭がかけられた。

有徳銭はもともと有徳借物《しゃくもつ》として生まれてきた。領主などが手許不如意《てもとふにょい》で神への供物が調達できないとき、一時的に有徳人から借りて神饌《しんせん》が供えられた。神様への供物のためにという理由、しかもあとで返してくれるということであれば、借用の申し込みは中世の人びとにはとても断りにくい。有徳人たちは応じざるを得なかっただろう。そして一度このようなことがあると、あとは想像できよう。回を重ねると、次第に借金は返されることが少なくなり、やがて借りっぱなしということになるのである。こうして新しい税金＝有徳銭は成立した。

大乗院配下の商人の座には典役《てんやく》が賦課された。典役は点役、天役などとも書かれる。奈良の符坂《ふさか》油座衆に一〇貫文、檜皮《ひわだ》座衆に二〇貫文であった。実際納入されたのは、三貫文と五貫文であった。ちなみに、油座衆の符坂とは現在の奈良市油阪町のことで、檜皮座衆は垂井《たるい》郷(樽井町)や光明院郷(光明院町)に住んでいた。

奈良市内の地は、おおむね興福寺、一乗院、大乗院それに東大寺の所領となっていたが、大乗院が領主権を持っていた地を大乗院郷という。大乗院郷の家々には間別《まべち》銭(地口《じぐち》銭)がかけられた。都市では家屋敷の面積よりもその敷地が道に接している地口の長さが重要で、それが課税基準となった。残念ながら、一間《けん》あたりの賦課額がいくらだったのか不明である。

以上、反銭、御用銭、有徳銭、典役、間別銭など、大乗院領や同院の関係者に賦課された臨時の課役についてみてきた。かける対象によって名称は異なるが、尋尊はこれらをすべてまとめて「御訪《おとぶらい》」と記している。「とぶらい(訪)」とは、「訪問・見舞いなどのための贈り物。また、謝礼のための贈り物。進物」(『日本国語大辞典』)のことである。武力を行使してまで取り立てた贈り物であるから、強制された贈与、限りなく収奪に近い贈与といわなければならない。中世の人びとが、そのような贈与の強制を撥《は》ね返すことができなかったのは、おそらく田楽頭役が神役、神への奉仕・贈り物だったからと考えられる。

修理・作事・その他　つぎに支出について、次節でみる装束賜《しょうぞくたばり》以前のものを簡単にみておこう。大乗院ではいくつかの作事が行われた。築地《ついじ》の修理、小門、南番屋、平張《ひらはり》などの建設である。すべて装束賜の当日、頭屋《とうや》の坊として恥ずかしくない形を整えるためである。これらのために合計一九六貫九六二文が費やされた。その他に、おもな支出として、田楽装束の縫い賃などが一二二貫七五六文、畳、簾《すだれ》、筵《むしろ》などの費用として二三貫一七二文などがあった。これらを足すと、三四二貫文あまりとなり、現代の金額に直すと三四二〇万円から六八四〇万円の間となる。

3 装束賜・一献・渡物

装束賜　装束賜も神事の一環であるので、二〇日、喪に服している重服《じゅうぶく》・軽服《きょうぶく》の者は参入してはならないと記された札が大乗院の各門に打たれた。

二四日、大乗院の末寺である永久寺、正暦寺《しょうりゃくじ》、己心寺《こしんじ》、極楽坊、小塔院の五箇寺には、装束賜の当日雨が降らないことを祈るようにという「風雨祈禱」が命じられた。またこの日、装束賜の儀式でさまざまな仕事を分担して行う奉行人の家から服喪の者は追い出された。さらに本座の田楽法師一三人が大乗院に参上し、交名《きょうみょう》を提出した。これは、田楽法師の名前と担当する楽器などを記したつぎのような文書である。

本座

愛乙法師	編木
善徳法師	編木
愛千代法師	編木 高足 刀玉
虎松法師	編木
福増法師	笛
千代松法師	小鼓 高足 刀玉
藤松法師	編木
千松法師	太鼓
虎若法師	太鼓
松若法師	同
龗藤法師	編木
千代夜叉法師	太鼓
才松法師	太鼓

以上

翌二五日は、田楽法師に与える装束を包む日であった。この作業は、大乗院の公文所《くもんじょ》で行われた。ひとり分ずつ「平裹《ひらづつ》みの絹」(一種の風呂敷)で包み、名前が記された名札あるいは紙片がつけられた。これはつけたまま田楽法師に渡される。

装束賜当日の二六日早朝、奉行人たちは定められた衣装をつけて続々と大乗院に参上した。奉行人たちは会場の設営、式次第やそれぞれの役割の確認などに忙しく従事したが、尋尊はほぼいつも通り訴訟の文書に目を通すなどの日常的な仕事もこなした。

巳《み》の刻というから昼前の一〇時ころに田楽法師が参上した。しばらくしてから尋尊は前門跡の経覚《きょうがく》とともに南庭に面した座についた。その隣には、大乗院に仕える僧たちのなかで最上席のクラスである「良家」(出世)たちが着座した。さらにそのさきには、おもに「坊官」(世間)といわれるクラスの僧たちが伺候した。京都からの客、己心寺、極楽坊、新禅院などの律僧衆、大乗院の中童子《ちゅうどうじ》たちや北面《ほくめん》と呼ばれた僧たちの座も用意されていた。前日準備された田楽装束は、尋尊たちが着座した部屋の北隣の間におかれた。

庭上には床子《しょうじ》(ベンチ)が三台おかれ、興福寺の下級の職員(僧)である知院事《ちいんじ》や中綱《ちゅうごう》、それに仕丁《じちょう》が腰をかけた。頭を袈裟《けさ》で包んだ裹頭《かとう》姿の学侶や衆徒らは儀式の途中に参上し、御前の正面の庭上に左右に分かれて立ち、威儀を添えた。

法螺の合図　正午を知らせる法螺貝《ほらがい》の音を合図に儀式は始まった。まず楽頭法師と幣持《へいもち》法師、ついで田楽法師一三人が呼び入れられ参入した。これを「打入《うちい》」りという。全員がそろったところで「庭立《にわだち》」という儀

図17　装束賜召立の場面(『春日若宮御祭礼絵巻』)　ここでは稚児が下げ渡している。

式があった。平安時代、紫宸殿《ししいでん》の南庭に列立した群臣から天皇が政務を聴く儀式が「庭立の奏《そう》」といわれた。装束賜の場ではどのようなことが行われたのか不明であるが、田楽法師全員の顔見せのような簡単な儀式があったのだろう。それが終わると、庭がぬかっているので、この年特例として用意された床子に田楽法師たちは着座した。ちなみに、楽頭法師と幣持法師はともに大乗院側の人間で、ふだんは同院の力者《りきしゃ》(力仕事に従事する下級職員)であるが、臨時に興福寺の別会五師から田楽法師側の者として指名されて行事に従事するのが恒例だったようである。

つぎに、力者によって酒肴がかつぎだされる。「居肴《すえざかな》十五前(膳)」「粽《ちまき》十五合」とあるので、田楽法師一三人分に楽頭法師と幣持法師の分を含み、個別に供された。その他に全体に対して「肴二合」「長櫃《ながびつ》三合」などの酒肴が出された。田楽法師の最下位のものが立ってお酌をしてまわった。

一献、二献が終わり、三献目の盃が準備されたところで、いよいよ装束の下げ渡しである「召立《めしたて》」が始まる(図17)。係の僧が座を立って進み出て蹲踞《そんきょ》し、懐中から田楽法師の交名が書かれた折紙《おりがみ》を取り出し、それに従って一臈《いちろう》(最上位)から呼び出す。別の僧が準備された平裏を運び役の僧から受け取り、沓脱《くつぬ》ぎへ降りて渡す。最初の法師が装束を受け取ってもとの座に着座してからつぎの法師が呼ばれる。これが繰り返されて一三人分の召立が終了する。

全員が装束を拝領すると、三献目の盃が再開される。それが終わると、田楽法師によって刀玉《かたなだま》、高足の曲芸が披露され、「立合」があり、そして「シメ猿楽」として田楽能が七番上演された。立合は、世阿弥《ぜあみ》の『花伝書《かでんしょ》（風姿《ふうし》花伝）』などをみると能の競演で、猿楽の各座が優劣を競うものであるが、どうもここでは違うようだ。『文安田楽能記』は、聖護院《しょうごいん》の実意《じつい》大僧正が文安三年（一四四六）三月の一七日に伏見宮貞常《ふしみのみやさだつね》親王を、翌一八日に足利義政《よしまさ》の幼い弟（のちの聖護院門跡義観《ぎかん》）を招いて行われた田楽能の記録であるが、これによると、両日ともに中門口《ちゅうもんぐち》、立逢（立合の舞）、刀玉、能の順でプログラムが進行した。装束賜の「立合」も舞のことであろう。

『文安田楽能記』が出たので、その能もみておこう。能は一七日は一〇番で、つぎに示した。現代まで伝わったものは下段の（　）内に現行の曲名を記した。

熱田の春敲門《しゅんこうもん》の能　（楊貴妃）
女沙汰の能
北野物ぐるひの能　（北野物狂の能）
尺八の能
なるこの能
書写の能
法然《ほうねん》上人の能
小野小町の能　（卒塔婆《そとば》小町）

屏風《びょうぶ》の能　（壇風《だんぷう》）か
さねかたの能　（実方）（廃曲）

一八日の能は八番であった。これらも同様に下記に示した。

水くみの能　（檜垣）
あつもりの能　（敦盛）
女の敵《かたき》うちたる能
関原与一の能　（関原与市）
夜念仏の能　（隅田川）
放下の能　（放下僧《ほうかぞう》）
源氏の能　（源氏供養または須磨《すま》源氏）
若水の能

同時代ということを重視すれば、室町時代のおん祭の装束賜で上演された田楽能もこのような曲だったのではないかと思われるが、一方、江戸時代のおん祭の田楽能として知られているのは、二星《じせい》、菊水、玉津島、合浦《かっぽ》、古郡《ふるこおり》、祝言、信夫《しのぶ》、綾井《あやい》、雪鬼《ゆきおに》などといった曲でほとんど重なることがない。近世と中世とでは上演される曲目が違ったのか、あるいは上演される場・機会の違いによるもので、室町期のおん祭においても二星以下の曲が演じられていたのかどうか、現在のところよくわからない。

宴会　以上が装束賜の流れであるが、これと平行して、あるいは事後に、身分や集団ごとに場所を定めて宴会が行われた。尋尊らトップクラスの僧には大乗院の御後見職である清賢《せいけん》によって膳が出された。比較的身分が高い出世や世間に対しても近接する部屋で一献の提供があった。「一献を行うの後、又着座」とあるので、儀式の途中にあったのであろう。学侶に対しては、参上次第に五人ずつ、あるいは一〇人ずつまとめて、もう少し北側の部屋で「雑々、鳥の子、菓子」などの料理が出された。鳥の子は卵である。庭の左右に分かれて列立して儀式に威儀を添えた裏頭衆らも接待に預かった。裏頭衆分として大乗院では一〇〇人分ほど用意したが、それでも足りなかったという。

興味深いのは、衆徒接待の会場が湯屋であったことである。中世の寺院では湯屋はしばしば集会所や議場となったが、宴会にも使われたのである。大乗院の湯屋に屏風を立て、紫縁《むらさきべり》や布高麗縁《こうらいべり》の畳をあちこちから集めて宴席が設けられた。三献のあと、衆徒のなかでも有力者の筒井順永《じゅんえい》や豊田頼英《らいえい》などは尋尊の御前に召された。そこであらためて「大酒」となり、田楽が一両人、また猿楽の金春《こんぱる》大夫《たゆう》が呼ばれて芸を披露した。尋尊は、「ことのほか興に及びおわんぬ」と記している。

尋尊のこのもてなしに対して、筒井は折紙で一〇〇〇疋《びき》、豊田は三〇〇疋進上した。疋《ひき》は銭の単位で、一疋＝一〇文である。したがって、一〇〇〇疋は一万文＝一〇貫文、三〇〇疋は三〇〇〇文＝三貫文である。一〇貫文は現代の一〇〇〜二〇〇万円、三貫文は三〇〜六〇万円に相当する。貫文と疋の使い分けはよくわからないが、贈答の場面では貫文ではなく疋で表現されることが多い。ただし、折紙は支払いを約束した文書で、このとき現金が動いたわけではない。後日決済されることになる。翌々日（二八日）に筒井が頭役無事終了のお祝いを言上するために大乗院に参上したとき、尋尊は酒を出し、返報として「千疋、馬一疋」を与えたので、結局現金は動くことはなく相殺されたのではなかろうか。

中綱には、衆徒のあとでやはり湯屋において一献が供された。仕丁に対しては宴会が省略されて、銭一〇〇疋が下行《げぎょう》(給付)された。御童子・下部に対しても宴会は省略で、二〇疋の下行であった。田楽の本・新座には指樽《さしだる》二荷、蜜柑《みかん》二折りが贈られた。装束賜は、本来ふたりの頭人のそれぞれの坊で別べつに行われたはずであるが、尋尊のころには門跡が一方の頭役である場合、他方の頭役は門跡の儀式に合流することになっていたようである。長禄四年の他方の頭役は、宗秀《そうしゅう》という僧であった。尋尊は「今一方の頭の田楽が参上した。宗秀五師が率いて参上した。毎度の例である。したがって、今一方の坊では芸能を行わない」と記している。

田楽宵宮詣　申《さる》の下刻つまり現在の夕方の五時ころであろう、宵宮詣《よいみやもうで》に行く田楽に御幣五本が授けられ、田楽法師は太鼓をたたき編木を鳴らして供奉《ぐぶ》し、大乗院を出て春日社に向かった。暗ければ松明《たいまつ》を用いたが、この年はそれにはおよばなかった。

田楽法師が退出した門の両脇には、それぞれ南北六間の番屋が臨時に設けられて幕が引かれていたが、ここには兵士として古市氏が伺候した。番屋には腹巻が三〇両ばかりおかれて飾りとされた。「料理《しつらい》(室内装飾)の事」「鋪設《ふせつ》(設備)の事」を奉行として担当した隆舜《りゅうしゅん》は、「随分の具足なり。美麗の沙汰、神妙なり」とこれを賞賛している。

祭礼当日　二七日はいよいよ祭礼の当日である。早朝に田楽法師が参上し、庭立のあと、前日同様に酒肴が出された。幣持法師にはここで皆水精念珠《かいすいしょうねんじゅ》が下賜される。水精(水晶)は高価なものであったから、毎年頭人がこれを調達して下賜するのであれば、これもまた大きな出費といえよう。

酒肴後、南向きの縁で幣持法師に御幣が下賜され、御幣を先頭にして田楽一行は退出し、南大門へ向かった。これと前後して、もうひとりの田楽頭である宗秀の担当した新座の田楽が装束を披露するために参上した。

両座の田楽が退出すると、尋尊は渡物《わたりもの》(行列)見物のため牛車《ぎっしゃ》で大乗院を出た。この牛車は、京都の一条家から当日のためにわざわざ借用したものである。前門跡の経覚も同車し、尋尊の愛弟子《まなでし》である大納言公《だいなごんのきみ》(尊誉《そんよ》)は途中から乗車した。牛飼《うしかい》、力者《りきしゃ》、御童子《おんどうじ》、上下北面の若輩、候人《こうじん》の青侍《あおざむらい》らがお供をした。古市氏が青侍・中間《ちゅうげん》数十人を率いて後ろについた。見物場所は、先例に従って宿院辻子《しゅくいんのずし》(奈良市宿院町。奈良女子大学の南)であった。田楽は両座とも尋尊の車の前で進行を止めて、芸能を少し披露するのが慣例であった。流鏑馬の随兵らも馬上から挨拶として所定の所作を行った。その他の者はただ通過した。

渡物が通る道には、見物のための桟敷《さじき》がいくつか設けられていただろう。『徒然草《つれづれぐさ》』第一三七段は、「花は盛りに、月は隈なきをのみ、見るものかは」で始まるよく知られた段であるが、このなかで賀茂祭を見物する「片田舎」の人びとが描かれている。彼らは桟敷とは別の座敷で酒を飲んだりご馳走を食べたりして、あるいは囲碁《いご》や双六《すごろく》をしながら途切れ途切れにやってくる行列を待っている。そして見張りの係が行列のやってきたことを知らせると、われさきに桟敷にあがって来る。なかには桟敷からこぼれ落ちそうになる者もいて、大騒ぎで祭の行列を見物するのである。もちろん兼好《けんこう》はこれを田舎者のやることとして冷ややかにみているのであるが、おん祭でも、このような楽しい桟敷があちこちにあったのだろう。

翌二八日、田楽法師一三人と楽頭法師、幣持法師に酒肴が与えられる例であったが、この年は代物(銭)ということになった。この措置を法師たちも喜んだというが、宴会はこうして徐々に少なくなっていく。またこの日には、観世《かんぜ》、金春《こんぱる》、「今晴《（ママ）》の孫の小児」が参上した。観世は世阿弥甥の音阿弥《おんあみ》(三郎元重《もとしげ》)あるいはその息の又三郎政盛《まさもり》であろう。金春は金春禅竹《ぜんちく》、孫の小児はのちの金春禅鳳《ぜんぽう》でときに七歳。金春禅竹の妻は世阿弥の娘で、能史上、錚々《そうそう》たる顔ぶれである。彼らは尋尊から「太刀・練貫《ねりぬき》一重」を頂戴した。さらに、筒井氏ら武士、陰陽師の幸徳井《こうとくい》友幸《ともゆき》、律僧の良堯房《りょうぎょうぼう》ら多くの人びとが参上し、尋尊にお祝いを言上した。

二九日には、春日社の大宮神主・若宮神主、また僧や武士たちがお祝いに参上した。三〇日に尋尊は経覚のもとに参上して、無事に頭役を終了したことの報告と挨拶をした。この日、東大寺の東南院からもお祝いの使者が来た。少しあとの九月四日には京都の九条家よりお祝いの書状が到着した。こうして尋尊は頭役を終え、新浄土寺の愛染明王との約束を守って一〇〇座の愛染明王法を行い、さらに同寺への定期的な参詣《さんけい》を終生怠ることがなかった。

尋尊が無事に田楽頭役を終えて七年後に応仁・文明の乱(一四六七〜七七)が勃発する。この乱によって京都は荒廃し、室町幕府は求心力を失っていく。そしてこれまで社会の基本にあった荘園制が大きく揺らぎ出し、おん祭を支えた諸階層、とくに僧の経済基盤が危機的な状況に陥る。このような社会の激動と無縁でいられるはずはなく、おん祭もさまざまな対応や変容を余儀なくされていく。

コラム 将軍の特別席 ―黒木御所・白木御所―

室町幕府は三代将軍の足利義満《よしみつ》から八代将軍の義政《よしまさ》のころに力が強かったが、このころ将軍たちは一〇回以上奈良に来ている。彼らは一週間程度滞在して興福寺、東大寺、春日社などを巡礼したが、この旅行のクライマックスがおん祭の見物であった。当時おん祭は一一月に行われるようになっていたが、将軍の下向が通告された年は、おん祭は本来の九月に戻されて挙行された。祭りを本来の式月に戻して行うことには、神事が順調に挙行されていることを示して、将軍の善政を称《たた》える意味があったのではないかと思われる。

将軍のためにお旅所の前に黒木御所《くろきごしょ》が作られた。御所といっても要するに貴賓《きひん》席、ロイヤル・ボックスのことである。黒木とは山から切り出して皮がついたままの丸太のことで、真っ直ぐなものも曲がっているものもそのまま組み合わせ、屋根は松や杉などの深緑の葉で葺《ふ》いて作った仮屋である。大きさは七間×三間、畳の数でいえば四二畳の広さである。そのなかに一段高く作られた九間《ここのま》(一八畳の間)が将軍の御座所であった。将軍のお供として京都からついてきた公卿《くぎょう》たちは豪華な衣装に身を包んで伺候《しこう》し、管領《かんれい》以下幕府の大名たちもここに召し出されて酒を賜った。

祭りの翌日には「後日の能」が行われたが、この日は白木《しろき》御所が作られた。大きさは同じであるが、前日の黒木とはうって変わってきれいに製材された檜の御所である。屋根も「薄檜皮《うすひわだ》」で葺かれ、天井は木目《もくめ》の整った杉柾《すぎまさ》が使われた。御所の前には豪華な引出物が誇示するように陳列され、将軍は大和四座の猿楽や田楽などを深夜まで堪能した。

黒木御所と白木御所は、興福寺による将軍「おもてなし」の一環として作られたが、おん祭の見物に訪れた内外の人びとに、興福寺が幕府と緊密な関係にあることを示す絶好の舞台でもあった。

第四章 中世から近世へ

1 戦国期のおん祭

動く祭礼日　おん祭は、保延二年(一一三六)の創始以来、九月一七日に行われていたが、一二七〇年代以後、国人《こくじん》の成長と興福寺《こうふくじ》内部の紛争が重なり、だんだんと遅れがちになる(巻末の年表参照)。一四世紀末には一一月に勤められることが多くなり、やがて応永二三年(一四一六)前後を転換点として一一月二七日が式日《しきじつ》のようになった。とはいえ、この日に落ち着いたというわけでもなく、ときとして一二月、さらには年を越えて五月まで持ち越された。そうかと思うと、足利義教《よしのり》(永享元年〈一四二九〉)・義政《よしまさ》(寛正六年〈一四六五〉)の南都下向《なんとげこう》のときには九月二七日になった。中世の祭礼はずいぶんと融通がきいたのである。

中世は寺社の力が強いので、祭礼は定められた日通り、厳格に勤められてきたと思われるかもしれないが、実際にはそうではない。夏の祭りとして有名な京都の祇園祭《ぎおんまつり》もまた、中世では冬に行われたことがある。式日が変わることは、南都・北嶺《ほくれい》と並び称される興福寺・延暦寺《えんりゃくじ》がかかわる祭礼の共通の特徴といっていいのかもしれない。むしろ、近世になってからのほうが、定められた日通りに勤められた。

『長川流鏑馬日記《ながかわやぶさめ》』には、流鏑馬奉仕を命じられた国人が、準備が間に合わないといって、おん祭の先延ばしを別会五師《べちえのごし》へ願い出、別会五師は衆徒《しゅと》と相談して延引を決定するという話が出てくる。流鏑馬を負担する国人と、それを徴発する別会五師や衆徒とが調整を重ね、負担の量や時期をめぐって綱引きしながらおん祭が行われていたのである。

このような場合、負担を強いるほうに主導権があるようにみえる。しかし、別会五師が式日に固執して国人に無理強いし現実に準備が間に合わなければ、かえってその年のおん祭は頓挫《とんざ》してしまう。課税の意味もある以上、それでは何も得られず元も子もない。

何より、おん祭を中止すると祟《たた》りがあると思われていたことを忘れてはならない。天文六年(一五三七)、木沢長政《きざわながまさ》と越智《おち》氏との戦乱によっておん祭はなかったが、翌七年(一五三八)の旱魃《かんばつ》は、前年のおん祭が中止されたためだと認識された。神罰の観念は、負担する国人に対する威圧になるのはいうまでもないが、別会五師や衆徒をも強く拘束する両刃の剣で、別会や衆徒もまたおん祭が中止されないように国人と妥協を重ねざるを得ず、おん祭も遅れがちになったのである。

度重なる延引・中止　このような事情から、一五世紀末までのおん祭は、遅れることはあっても、中止されることはほとんどなかった。それでも一六世紀になると、しばしば中止されてしまう。その理由をたどっていくと、大和《やまと》国におけるいくさの歴史になる。とくに大和国外からの軍勢の乱入の影響は大きく、明応九年(一五〇〇)から文亀二年(一五〇二)は赤沢朝経《あかざわともつね》、享禄元年(一五二八)は柳本賢治《やなぎもとかたはる》の乱入で中止になった。永禄二年(一五五九)、同八年(一五六五)、同一〇年(一五六七)から天正三年(一五七五)までの中止は、松永《まつなが》久秀《ひさひで》の支配のもと大和国に他国衆が入り乱れていたからである。

そもそも、国内につねにくすぶっていた国人同士の対立が、他国衆の乱入を招いたし、国人の対立が中止の直接の原因になったこともある。永正一三年(一五一六)、衆徒のトップである棟梁《とうりょう》の任命をめぐって、筒《つつ》井《い》氏と古市《ふるいち》氏が争ったため、おん祭は行われなかった。永正一五年(一五一八)正月ころ、将軍足利義稙《よしたね》は古市氏(公胤か)を棟梁に任じるつもりだった。しかし、筒井順興《じゅんこう》は納得せず、順興に押し切られた義稙は、永正一三年、一四年(一五一七)の二年分のおん祭を執行《しっこう》することを条件に順興を棟梁に任じることにした。これが永正一五年三月二九日のおん祭である。

天文二年(一五三三)には、十市《とおち》氏と箸尾《はしお》氏の対立のため中止になった。箸尾氏の意向を受け、法貴寺《ほうきじ》氏人はその気で準備していた十市氏(遠治《とおはる》・遠忠《とおただ》)ではなく、カウタ氏(不詳)を長谷川党の願主人《がんじゅにん》に指名してしまった。木沢長政が両者の間に入ったが、調停はうまくいかず、結局おん祭は中止された。

衆徒の棟梁をめぐる混乱や、他国から支配の手を伸ばしてきた木沢長政によって国人間の紛争が調停されるなど、興福寺による国人支配には実体がなくなっていた。そもそも、興福寺に数多くあった子院は、後援する国人の私産となっていて、その子弟が住職になっていることが多かったから、国人の動向は興福寺の僧侶、とくに学侶《がくりょ》の帰趨《きすう》に大きな影響を与えていた。そのため、いったん国人が対立し始めると、興福寺の内部にまで亀裂が入り、その力は急速に落ち込まざるを得なかった。一六世紀にたびたびおん祭が中止されたことのもっとも深刻な理由は、学侶から衆徒・国民にいたる興福寺の組織が崩れ始めていたことにある。それは興福寺の僧侶そして国人たちを束ねていた神仏の威光、神罰の恐怖がその力を失ってきたことと表裏一体であった。
一六世紀の後半、九年にわたって中止されたことがあった。しかし、それによって興福寺や国人たちに恐ろしい神罰が下ったわけではなかった。天正四年(一五七六)におん祭が復興したときには、おん祭に対する人びとの見方は決定的に変わってしまっていた。それをよく示すのが、天正八年(一五八〇)の中止である。このとき、織田信長が大和国の領主に命じた指出《さしだし》への対応で、大和国内は上を下への大混乱だったが、戦乱状態というわけではない。まして、興福寺が杖とも柱とも頼んだ筒井順慶《じゅんけい》(図18)は、こののち確固たる地位を築いている。以前のように、時期をずらせばおん祭は可能だったはずだが、中止された。延期してでもおん祭を勤めなければならないという考えがなくなっていたとしても不思議はない。

図18　筒井順慶

とはいえ、現代の私たちでも、おん祭の深夜の遷還幸《せんかんこう》に神の存在を感じたりするし、日々の生活のなかでも「ばちがあたった」と思ったりもするように、神仏の威光、神罰の観念はそう簡単になくなるわけではない。ようは、信心はあくまでも個々人の感性、心の問題に押しとどめられ政治体制と分けられていくようになったのである。

頭役制の変質　戦国期には、頭役《とうやく》制も大きく変質し、寺門助成《じもんじょじょう》が行われるようになっていた。寺門助成とは、頭役の負担に耐えられない僧侶のために、興福寺として費用の一部を肩代わりするシステムで、明徳二年(一三九一)、足利義満《よしみつ》がおん祭を見物したときに、寺門として田楽《でんがく》頭役に助成したことに端を発する(寺門として貸し付ける例は、すでに一四世紀半ばにみられる)。応永七年

（一四〇〇）にいったんは停止されたものの、すぐに四〇〇〇疋《ひき》（四〇貫文）を支弁することを許されて、以後慣例となった。助成の額は増え続け、文亀四年（一五〇四）には一五〇貫文になっていた。

助成は銭や米だけではなかった。文明期には、楽人《がくにん》の楽器、競馬の装束や太刀、随兵《ずいひょう》の鎧《よろい》や総《ふさ》、大太刀などの諸道具が別会から貸し出されている。本来は奉仕者が自己負担するべきものだろうから、広くみればこれらも寺門助成のうちである。

おん祭が復活した天正期には、興福寺からの助成はさらに増えた。堂衆の負担する相撲掛布《かけぬの》の費用は山城《やましろ》国相楽庄《さがなか》（京都府木津川市）から出されていたが、荘園がなくなって寺門からの下行《げぎょう》（給付）に切り替わり、天正九年（一五八一）には二石から三石に増額された。神子田《みこ》を喪失していた八島《やしま》神子のために、神子を統括していた横井源五（八島源宮《げんぐう》）に米が渡されるようになった。荘園制が崩壊していくのをただみていては、その負担で行っていたおん祭は成り立たなくなる。そこで興福寺は、苦しい台所事情をなんとかやりくりし、米や銭を渡して助け舟を出したのである。

願主人でも変化が起こっていた。天正九年と同一一年（一五八三）、長川党では、箸尾辰巳《たつみ》（広瀬の人）が、二度続けて願主人となった。経済的な負担の大きさや長川党内の秩序を考えると、同じ家が続けて願主人を勤めることは、本来ありえない。これは、箸尾宮内少輔《くないしょうゆう》によって仕立てられたものだった。流鏑馬を奉仕する党が解体し、主従制的な関係によって惣領《そうりょう》がすべてを負担したから可能になったのである。長川党の願主人は主体的に流鏑馬を主催する地位ではなく、願主人というひとつの配役、名義にすぎなくなってしまった。

頭役制は多くの人に負担を分散する分権的なものだが、いつしか、寺門や権力者に祭礼運営が集権化していった。分散させた負担をひとつに束ねられたのは神仏の威光があってのことで、逆に集権化せざるを得ないのは、祭礼をめぐる心性の変化と無関係ではないだろう。ここに登場するのが豊臣秀長《ひでなが》である。

2　豊臣秀長の衝撃

大和国替　天正一三年(一五八五)閏八月、筒井順慶の跡を継いだ筒井定次《さだつぐ》は、伊賀《いが》国に転封され、かわって豊臣秀吉の弟で秀吉の片腕として働いていた豊臣秀長(図19)が大和国の領主となった。近世の春日社や興福寺では、単に「国替《くにがえ》」といえばこの事件をさすほどで、大和国における中世と近世の分水嶺となって、その後のおん祭の性格を決定付けた。

図19　豊臣秀長

多聞院英俊《たもんいんえいしゅん》は、転封される大和国人をみて、神領である大和国を横領した神罰だと他人事のようにいった。しかし現実には、国人なしに興福寺の大和支配はありえなかった。六党に編成された国人によって行われた流鏑馬、田楽頭役への助成など、陰に陽に国人の力をあてにしていたおん祭も、支持母体を失った。

九月、秀吉とともに郡山《こおりやま》へ入城した秀長は、一か月程の間に、おん祭の執行、寺領の削減などを、矢継ぎ早に指示した。秀長に田楽頭役を勤めるようにいわれた大乗院尋憲《だいじょういんじんけん》は、大乗院領が失われたことを理由に、頭役の奉仕を断った。神仏の威光を頼んだ駆け引きだったかもしれないが、そのような手段が通じる相手ではなく、所領の返還や旧領への臨時の賦課が秀長から認められることなどありえない話であった。織田信長が比叡山《ひえいざん》に対して行ったような焼き討ちこそなかったものの、秀長の政策は興福寺にとってかつてない厳しいものになった。

始まる祭礼の準備　尋憲にかわり、秀長は自ら檀越《だんおつ》となっておん祭を準備した。関白の座につき氏長者として藤原氏を代表する立場になっていた豊臣秀吉を迎えようとするだけに、その用意は大がかりだった。一一月一九日には、お旅所と松の下に黒木の仮屋が建ち、芝築地《しばついじ》(土塀)の準備が進んだ。英俊は秀長が進めていた準備の様子をみて「先代未聞の式」と驚いている。

その翌日の一一月二〇日、尋憲が突然亡くなった。門跡が死去すると、寺内は諒闇《りょうあん》となり、行事を一部縮小するのが慣例だった。しかし、一向におかまいなく作業は続き、二五日には、ほぼ準備が整った。お旅所南に建てられた仮屋のうち、西の秀長の仮屋には床はなかったが、東の秀吉の仮屋は板敷きにしたうえ、関白の座として一畳分高くして、屋根には破風《はふ》までつけられていた。それぞれの仮屋の三方には芝築地が築かれ、檜や竹で組んだ垣が高く結い回されていた。本来ここに座る五師やその他の僧侶は、東西の楽人の仮屋に追いやられた。

松の下にも、同じように仮屋、築地、虎落《もがり》が準備されていた。英俊は、「昔、公方様が下向されたとき、白木・黒木の御所を立てたというが、このようなものだったのか」と記している。秀吉・秀長のおん祭見物は、室町将軍の先例にならったものと受け止められた(七三ページコラム参照)。

二六日には、田楽頭役の明王院《みょうおういん》で装束賜《しょうぞくたばり》があった。明王院が頭役ふたり分を勤めたが、そのスポンサーは秀長だった。秀吉は来なかったが、秀長と大名衆が出仕して見物した。諒闇時には装束賜での芸能は狂言に限られるのが先例だったにもかかわらず、このときには田楽能が奉納された。天正四年におん祭が復興したとき、興福寺は筒井順慶と相談し、信長の意向を忖度《そんたく》して、諒闇中であったにもかかわらず後日能《ごにちのう》(後宴能)を行ったことがある。興福寺は、圧倒的な力を持つ武家権力の顔色をうかがわざるを得なかったのである。

人びとを圧倒した馬場渡り　二七日、秀長は松の下の西の仮屋、女房衆は東の仮屋で馬場の渡りを見物した。寺僧衆の後ろにいた「雑人」(一般の見物人)を秀長自身が棒を持って追い払い、「番衆」(警固の武士)一四、五人が五間ほど後ろに立って雑人を入れないようにした。英俊によれば、これは最近のやりかたであるというから、もともと寺僧衆と見物客とは、さしたる区別なく松の下に並んでいたようだ。

　秀長の調えた行列をみて、英俊は肝をつぶした。いかにも派手だったのである。

　随兵はなく、カシツキ(傅)のように馬乗が百人もいるだろうか。美麗をつくした馬鞍などである。金色で小《こ》唐団扇《とううちわ》の鞘《さや》の槍十本の持ち手は思い思いの装束を着て、そのあとに続く槍持ちは、二〇人、三〇人、五〇人と主人ごとに打ち掛けを染めかえ、色をかえている。先代未聞の見事さである。

　英俊のみた「カシツキ」とは、流鏑馬に参加する従者の意味であり、中世の『長川流鏑馬日記』に出てくる配役である。唐団扇の鞘のついた金の槍を持った一団、あるいはそろいの打ち掛けの行列も、『長川流鏑馬日記』の「打込《うちこみ》」にあたるだろう。「打込」は、国人家内の「殿原《とのはら》・里の者」が勤め、願主人の列の最後に付き従った。このように、豊臣秀長は、流鏑馬の伝統を引き継ぎながらも、願主人や射手児《いてのちご》ではなく、脇役にすぎなかった従者の一隊を、もっともめだつ行列に仕立てたのである。騎馬や槍持ちは、流鏑馬奉仕の枠組みから切り離され、大和国内の大名などが負担する「乗込馬《のりこみうま》」や槍持ちの諸士行列(いわゆる大名行列)に引き継がれていくことになる。

多くの戦国大名は綺羅をまとい派手な旗指物などを持つ。それは、自らが誰であるか、そしてその権勢をみたものすべてに容易に理解させるからである。このような武威を政治ショーにしたのが、天正九年、織田信長が京都で行った馬ぞろえであり、同じパフォーマンスを祭礼のなかに取り込んだのが、秀長が行ったおん祭だった。以後、大和を支配する者が松の下に陣取り、祭礼の主催者の立場を誇示することになる。

権力者が祭礼を引き立て、ときに城内に招き入れてこれを見分する行為は、江戸の天下祭《てんかまつり》(神田祭《かんだ》・山王《さんのう》祭)を始め、各地の城下町祭礼でしばしば見受けられるようになる。江戸時代における幕府・藩による祭礼の保護と政治利用の出発点が、おん祭であるといってもよいだろう。

このようにして秀長が一方的に始めたことを、興福寺がだまって見過ごしていたわけでない。少しあとのことになるが、慶長二年(一五九七)、お旅所の南側の仮屋は、もとのように別会五師が座る場所に戻された。慶長五年(一六〇〇)の関ケ原合戦後、興福寺は、新儀廃止を認めた徳川家康の言葉を盾に取り、松の下の仮屋の撤去に成功した。少しばかり押し返したとはいえ、奈良を支配する武家が松の下に座りおん祭を検知するという新儀までは否定できなかった。興福寺は面目を保つのが精一杯で、実質的なおん祭の主催者の地位は豊臣、徳川と続く武家政権にとってかわられていたのである。

丸抱えの構造　話を戻すと、秀長は願主人を丸抱えし、それを引き継いだ増田長盛《ましたながもり》は、流鏑馬奉仕者(願主人)の費用として一五〇人分の経費を請け負った。槍持ちや乗込馬などの負担は、のちに、奈良奉行所《ぶぎょうしょ》の指示によって大和の大名や幕領に振り分けられた。さらに、奈良奉行は大宿所《おおしゅくしょ》の費用などに約二〇〇石を支出した。

天正一八年(一五九〇)、秀長は興福寺に三〇〇石を与え、この利息によって田楽頭役を助成するように命じた。秀長による助成は効果的で、田楽頭役を忌避していた僧侶が、手のひらを返すように頭役を希望するようになった。必要以上に助成しているのではないかと疑われたほどである。これは、形を変えて寺門助成に引き継がれ、一七世紀末には、二六二石が唐院《とういん》(興福寺の財務を扱う律院)から頭役に毎年支払われるようになっていた。おん祭における下行としてはもっとも額が大きく、田楽頭役については、自前で負担する必要はほとんどなくなった。

祭礼費用の分権的な負担の仕方が、助成によって寺門に集権化されていったように、戦国期を通しておん祭はゆるやかに構造変化を遂げていた。秀長の大和国への入部という大きな事件はこうした構造変化のなかで起こり、その流れは決定的なものになった。頭役制は本来の意味を失い、それぞれの役は、実質的に寺門、とくにその代表である五師と奈良奉行によって仕立てられるものになった。その後のマイナーチェンジはあるが、明治維新にいたるまでの二百数十年におよぶ大枠は、豊臣秀長のときに形作られたのである。

3　奈良奉行の祭礼

大和支配と奈良奉行　慶長五年の関ケ原合戦後、奈良に生まれて徳川家康の側近にまで上り詰めた大久保長安《ながやす》が大和国を支配することになった。豊臣方大名の領地はいまだ多く残っており、寺社領は豊臣期のまま引き継がれた。慶長一六年(一六一一)に徳川・豊臣両家が融和すると、徳川家康・秀忠は春日社へのかかわりを深め、同年には幕領、寺社領、旗本領に属す願主人の屋敷地の年貢を免除し、翌年から春日社の造替《ぞうたい》を始めた。慶長一八年(一六一三)、大久保長安が没すると、興福寺衆徒の系譜を引く中坊秀政《なかのぼうひでまさ》が初代の奈良奉行に任命された。奈良奉行は、おん祭のため、寺社領を除く大和国の領主からお旅所の用材(御殿木《ごてんぼく》)、大宿所の供物である掛物《かけもの》あるいは警固の槍や乗込馬を徴発することになる。

昭和になっておん祭の概要をまとめた堀川佐一郎は、近代の奈良に、「お奉行さん祭り祭礼、公事《くじ》は付けたり」という言葉が伝わっていたと書き留めている。前半部になにやら錯誤がありそうだが、「公事(公務、裁判)」は、「付けたり(付録、添え物)」だというのだから、奈良奉行の第一の仕事がおん祭だと江戸時代の人びとが認識していたことを教えてくれている。奈良奉行とおん祭の深いつながりを追ってみることにしよう。

御殿木などの賦課　大和一国を支配した豊臣秀長が山林竹木を直接支配したため、人びとは勝手に木を切れなくなった。興福寺境内も例外ではなく、文禄四年(一五九五)、興福寺宝光院《ほうこういん》は、田楽頭役を勤めたときに松林院の前の枯れ松を切ったことを咎《とが》められている。この山林竹木の支配権は、国単位で地域を支配する奈良奉行に引き継がれた。

元和元年(一六一五)、大坂の陣の武功により水野勝成《かつなり》が六万石で郡山城を与えられて立藩した。さらに元和五年(一六一九)には伊勢国津の藤堂高虎《とうどうたかとら》に大和国と山城国の五万石(うち大和国は約三万七〇〇〇石)が与えられた。郡山には水野勝成のあと松平忠明《ただあきら》が一一万九〇〇〇石を拝領して入部した。このようにして大和国に本格的な大名領が誕生したため、奈良奉行が大名の領地に御殿木や掛物を課税する根拠が必要になった。元和五年九月、幕府老中は奈良奉行中坊秀政・春日役中宛に御殿木と掛物(雉《きじ》・狸《たぬき》・兎《うさぎ》)を大和一国に賦《ふ》課《か》することを認める奉書を出し、以後奈良奉行の就任時には同文の老中奉書が渡されるようになった。

御殿木は、春日社造替のときに檜皮《ひわだ》を奉仕し、獅子《しし》の御間《おあい》(春日社第二殿と第三殿の間)の上にかける大樋の木を納める吉野郡を除いて、残る大和国の一四郡に割り振られた。課税の方法は徐々に整備された。実際に使われるのは竹や松葉、大小の用木だが、寛文一〇年(一六七〇)にはこれをすべて中木に換算し、高一〇〇石に対して中木五本を割り当てることにした。奈良奉行所は、中木一七四〇本分にあたる高三万四八〇〇石になるよう領主に関係なく村を選び、負担が偏らないように順番に割り付けていった。もっとも、大和の盆地の平野部に適した材木があるとは限らず、遠方では運搬費もかさむため買木も行われた。

掛物など　宝永期の記録では、幕領はもとより郡山藩・高取藩などから一〇〇〇石に満たない旗本までの六〇余の領主に対して、掛物、乗込馬、野太刀・小太刀・長刀《なぎなた》を持つ人足《にんそく》、杖突《つえつき》、あるいは警固の槍などが、それぞれの領地高に応じて割り振られている。転封《てんぽう》や改易《かいえき》、あるいは所領高の増減があると、奈良奉行所は石高に従って割り付け直した。藩や旗本などは奈良奉行所からの割り振りをもとにして領民に課税し、領民は自分の所持高に従って負担した。おん祭の費用は、信心とは関係なく、石高制によって中世以上に広く大和国内に割り当てられることになった。

中世の掛物は、奉納する国人の力量に従って数も種類も異なっていた。しかし、近世になると、雉、狸、兎、鯛《たい》に限定され、元和五年の老中奉書に記された数でいえば、雉一二〇〇、狸二一〇、兎二三〇と種類が

図20　大宿所の掛物(『春日祭礼興福行事』上巻)

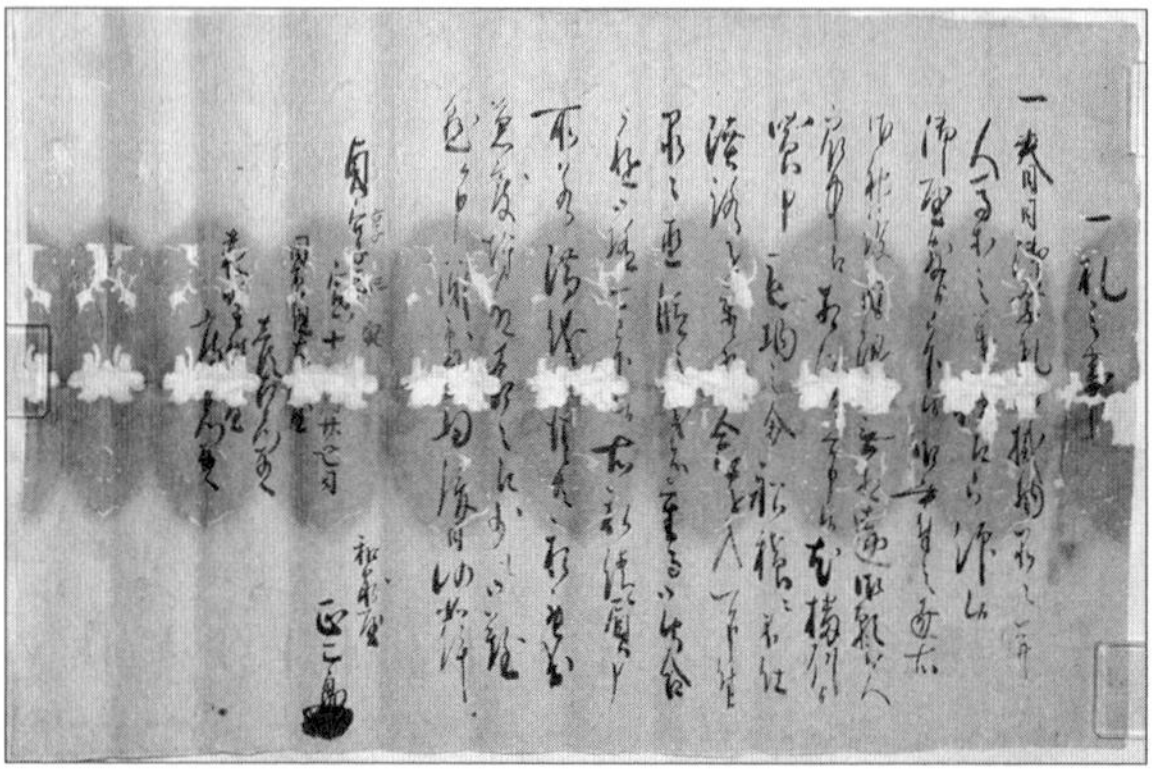

図21　請負による掛物見積書
(貞享3年　片岡彦左衛門文書)　播磨国で獲った獣を船積ではなく陸送することを条件にしている。

減って数ばかりずいぶんと増えた(図20)。近世の掛物が決められた経緯は不明だが、天正一三年、秀長のときであるという説があり、また、慶長一六年ころの徳川秀忠による臨時の奉納が根拠になった可能性もある。いずれにせよ、これだけの数を集めるのは大変だし、流通が整っていないと実現しない。雉・狸・兎は、大和国内からかき集められただろうが、播磨《はりま》国や近江《おうみ》国からも買い付けられている。今と違い保存はよくないので、大宿所に納めるときにはすでに傷んでいるものもあって、しばしば問題になった。

　奈良奉行所によって藩や旗本などに割り振られた掛物や人足の多くは、それぞれの領主ごとに決められた「請負《うけおい》」がそろえた(図21)。請負には奈良などの八百屋や道具屋がなった。そもそも近世の八百屋は青物以外の多様な商品を扱っていた。近世後期に請負だった吉野屋は郷宿《ごうやど》でもあった。掛物の準備はほぼ請負にまかされ、遅くとも一八世紀の初めには、郡山藩や高取藩などの一部を除いて、奉行所が旗本などと契約した請負へ直接納付を指示し、請負から惣代《そうだい》となる村へ連絡するシステムができていた。多くの場合、請負に任せっきりで、請負から大宿所に掛物が納められるときに、領主の代官と惣代の庄屋《しょうや》が立ち会うだけであった。

槍や馬の奉仕　掛物は小物成《こものなり》の一種だが、槍や馬、あるいは馬の世話役(口取り)のほうは、大名に課された軍役に含まれる。郡山藩は元禄九年(一六九六)に明正《めいしょう》上皇の崩御《ほうぎょ》に伴う京都の警固、宝永五年(一七〇八)に火災にあった御所造営のお手伝い普請《ふしん》を命じられ、小泉藩は正徳二年(一七一二)に京都の火消御番にあたった。いずれの場合でも、その年のおん祭の奉仕が免除されているのは、おん祭の奉仕が軍役と重なっていたからである。

長柄《ながえ》(槍)の具体的な奉仕数がわかるのは郡山藩の本多政勝《ほんだまさかつ》からである。政勝は寛永一六年(一六三九)に大和国内に一五万石を拝領して郡山に入部、子の勝行《かつゆき》分と合わせ一九万石の公儀役を勤めることになり、本多家として三〇〇本の槍を出した。これに御蔵槍一六〇本が加わって、総槍数は四六〇本であった。その後、御蔵槍数の変動や他の負担との兼ね合いで宝永期には約三六〇本、近世後期には、おおよそ四〇〇本が奉仕されていた。

延宝七年(一六七九)、お家騒動によって本多家は転封され、代わりに明石《あかし》から松平(藤井)信之《のぶゆき》が入部した。松平信之の大和国内の所領は七万八〇〇〇石で、本多家のときと比べると大幅に減り、郡山藩の槍数は一〇〇本になった。それでは流鏑馬の警固には数が足りないので、他の藩にも槍が割り振られ、津藩・高取藩も流鏑馬のときに槍を出すようになった。

貴人が亡くなったとき　昭和六三年（一九八八）、昭和天皇が重病だったとき、万事に自粛ムードだったことを記憶する方もおられるだろう。おん祭も先行行列、競馬、後宴能（後日能）、相撲が中止された。翌年一月に昭和天皇が亡くなり、平成に改まった年のおん祭は昭和天皇諒闇中として先行行列を取りやめている。平成一二年（二〇〇〇）には、香淳《こうじゅん》皇后が亡くなったことにより後宴能は行われなかった。天皇家の動向は、世のなかの祭礼一般、そしておん祭にも少なからず影響をおよぼしている。

このような祭礼の制限は、江戸時代のほうが全国各地で広範に、そしてもっと頻繁に起こっていた。将軍家、天皇家、藩主などの要人の死去によって鳴物停止《なりものちょうじ》が命じられ、作事や祭礼は中止あるいは延期が繰り返された。おん祭もその例外ではなく、ルーチン化していた祭礼準備もそのときだけは相談が繰り返された。誰に敬意を払って祭礼が行われているのか。そこに祭礼の本質が表れてくる。

時代をさかのぼると、諒闇によって祭礼日が動いたことがあったものの、永享五年（一四三三）の後小松《ごこまつ》法皇の死去（一〇月二〇日）に伴い一二月一七日に行われたあと、諒闇による延期が確認できなくなる。かわって諒闇のときは、装束賜《しょうぞくたばり》は狂言のみ、後日能は中止されるのが慣例となった。

近世では、天皇などの死去の場合に祭礼をどのように執行するか、春日社・興福寺と奈良奉行とが相談した。承応三年（一六五四）九月二〇日の後光明《ごこうみょう》天皇の死去に際して、春日社は延引された鎌倉時代の先例と、後日能を中止した後陽成《ごようぜい》上皇（元和三年〈一六一七〉）の先例などをあげている。結局、承応三年は、通常通り行われた。ただ、奈良奉行中坊時祐《ときすけ》の指示により、後日能は四番から二番に減らされている。

六代将軍徳川家宣の死

天皇の死去でも延期しないという慣例のなかで、正徳二年一〇月一四日の徳川家《いえ》宣《のぶ》の死去により、おん祭が一か月延期されて一二月二七日になったのは、大変異例のことだった。家宣の死去は、朝廷では宮中触穢《しょくえ》にとどまっていて、例えば京都の吉田神社の祭礼は通常通り行われていた。朝廷では、このときの将軍の死の扱いは小さかったのである。

ところがおん祭の場合、事態はずいぶんと違う。家宣死去の一報が寺務大乗院隆尊《りゅうそん》に伝わったのは五日後の一〇月一九日であり、二一日には隆尊と五師が相談、二三日に隆尊は奈良奉行中坊秀広《ひでひろ》とおん祭について相談を始めている。二一日には衆徒、二二日には社家から先例書が提出された。春日社・興福寺の間では、延期はないと思っていただろう。

しかし、中坊秀広は当初から延期の意向を持っていたようで、京都所司代松平信庸《のぶつね》からの返事を待ち、一一月一日に春日社・興福寺あるいは願主人・細男《せいのお》といった芸能集団に正式に延期を伝えた。死去の報から半月ほどで異例の処置が決定された。後日能は年の瀬だったために中止された。慶長一八年に奈良奉行が任ぜられて以後、江戸時代を通して唯一のおん祭の延期は、奈良奉行の意向によって所司代との連携で迅速に決定されたのである。

翌正徳三年(一七一三)のおん祭の舞楽には、臨時に央宮楽《ようぐうらく》と敷手《しきて》が加えられている(『春日大宮若宮御祭礼図』では正徳二年とする)。これも珍しいことだった。誰がどのような意図で企画したのかはわかっていないが、前者は立太子《りったいし》の儀式のために作られ、後者は天皇の元服《げんぷく》のときに奏される曲目である。そこから考えると、正徳三年四月、数えの五歳で将軍宣下を受けた家継《いえつぐ》を祝い、その成長を願った選曲であり奉納に違いなく、おそらく奈良奉行の意向が反映したものだろう。

時代は少しさかのぼるが、延宝六年(一六七八)六月一五日の東福門院《とうふくもんいん》(後《ご》水尾《みずのお》天皇の中宮で徳川秀忠の娘)の死去のときも、興福寺は後陽成上皇の例に従って後日能を中止するつもりだった。しかし、奈良奉行溝口信勝《みぞぐちのぶかつ》は幕閣と相談し、家綱側室《いえつなそくしつ》の懐妊を祝うために、後日能を勤めさせた。ここでも朝廷にかかわる先例より幕府の意向が重んじられている。

その後、祭礼直前に天皇・上皇が死去したのは、安永八年(一七七九)一〇月二九日の後桃園《ごももぞの》天皇の死去と天保一一年(一八四〇)一一月一九日の光格《こうかく》上皇の死去の二例で、ともに後日能が中止されただけである。おん祭では、将軍の死の扱いのほうがはるかに大きかったのである。

家宣以後の将軍の死去の日は、いずれも祭礼から離れており、延引にまでおよぶことはなかった。しかし、奈良奉行所与力《よりき》の手控えでは、五代将軍徳川綱吉《つなよし》の死去(宝永六年〈一七〇九〉正月一〇日)による薪能の中止と、家宣の死去によるおん祭の延期が先例とされている。もし祭礼直前に将軍が死亡していたら、おん祭は再び延期されただろう。

近世のおん祭は、朝廷や春日社・興福寺の先例よりも、幕府の意向が強く反映する祭礼だったことは、これらの事実が如実に示している。近世のおん祭は、表向きは春日社・興福寺をあげて奉仕するとはいえ、奈良奉行の祭りといわれても仕方のないものだったのである。

4 忠通創始説の誕生

春日社の自立志向　このように、近世のおん祭は、平安時代以来の伝統を連綿と伝えつつも、幕藩体制のもとで運営された、まぎれもなく近世、江戸時代の祭礼である。そのことは祭礼をめぐる由緒の説かれ方にも影を落としている。それが、第一章で取り上げたおん祭の藤原忠通《ただみち》創始説にほかならない。

そこでも述べたように、忠通が式日《しきじつ》を定めたとする創始当時の史料はあっても、忠通がおん祭を始めたというものはなく、その後も中世の間に忠通創始説が説かれた形跡はない。おそらく慶長一六年に春日社家が記した『春日神社記』に、おん祭は忠通の御願であると記されたのが最初であろう。その後しばらくは、忠通の名前は祭礼の由緒《ゆいしょ》に出てこなくなる。

忠通創始説が本格的に宣伝され始めるのは、奈良や大和国に関する名所記が出始めた一七世紀後半、延宝期になってからである。太田叙親《のぶちか》・村井道弘《みちひろ》『南都名所集』(延宝三年〈一六七五〉)は、若宮の創建と忠通の関係に触れ、大久保秀興《ひでおき》・本林伊祐《もとばやしこれすけ》『奈良名所八重桜《やえざくら》』(延宝六年)は、おん祭は忠通の御願とした。このほか、一般の目に触れることはなかっただろうが、春日社社家によって作成された『春日社年中行事』(延宝八年〈一六八〇〉)や、禰宜《ねぎ》の立場で書かれた『春日神社記』(延宝八年)が、忠通とおん祭の結び付きを記している。こうして、寛保二年(一七四二)に藤村惇叙《じゅんじょ》が『春日大宮若宮御祭礼図』を完成し、そのなかで忠通創始説を書いたところ、本の絶大な影響力もあって通説としての地位を獲得して今日にいたったのである。

図22　若宮御殿の図(『春日大宮若宮御祭礼図』)

図23　若宮神前におかれていた鹿座仏舎利　慶安5年

忠通創始説が多く登場するようになる延宝期の直前の寛文期は、幕府の中枢のほか、各地の藩や神社で神道思想が興隆した時代である。水戸藩や岡山藩では廃仏毀釈が実行された。寛文二年(一六六二)に幕府は出雲大社《いずもたいしゃ》の神仏分離を容認し、伊勢《いせ》では、寛文一〇年(一六七〇)の火事から復興するとき、多くの寺院が移転を命じられ神宮から遠ざけられている。

　これらの動きと軌を一にするように、春日社では寛文三年(一六六三)ころから、興福寺の支配を脱し自立しようとする動きがあった。最初、社家は氏長者に訴え、やがて争いは幕府の法廷に持ち込まれた。このときの社家の主張のうち、若宮神前の神楽所にあった舎利《しゃり》(図22・23)や仏像を撤去する、つまり神いかない。

前の神仏分離を行うことと、社家が氏長者から直接任命されていることを盾にして、下級神職の禰宜に対する興福寺の支配を排除しようとしたことのふたつは、忠通創始説が登場する前提として、見落とすわけにはいかない。

そもそもおん祭は興福寺大衆によって創始されており、神仏習合の世界では神前に仏具があっても何の不思議もない。春日社側は世のなかの神仏分離の流れを受けて、もっといえば幕閣に神道のシンパがいることを見越したうえで、「神が通る路次に舎利や仏像があるのは不都合だ」と主張したのだろう。さらに、氏長者と春日社の社家の直接的な結び付きを根拠にして春日社の独立性を強調したのである。

史料から消された「大衆」　寛文五年(一六六五)、春日社はこの争論に負けたが、このときの経験を踏まえて書かれているのが、延宝八年の『春日社年中行事』である。といっても、社家がしたのはごく簡単なことで、おん祭の始まりを説明するときに引用された、『古今最要抄　若宮祭礼条々』の「別当玄覚幷大衆儀定なり」を削り、かわりに「私考」として、当時は崇徳院《すとく》の時代で氏長者は忠通であったという、誰もが認めうる事実を付け加えただけである。『春日社年中行事』は、宛名こそ書かれていないが、幕府あるいは朝廷などに提出するつもりで作られたものである。だとすれば、寛文訴訟の記憶がいまだ鮮明なときに、おん祭は大衆によって創始されたなどという史料をそのまま引用して提出するわけにはいかなかっただろう。社家は、確信犯的に興福寺大衆がおん祭を始めたという事実を隠し、さりげなく神社と直結する氏長者を持ち出して、都合のいいように結論を誘導したのである。

同じ年に書かれた『春日神社記』は、飢饉が三年間続き疫病がはやったために忠通が祭礼を創始したと、当時の社会状況に踏み込んで説明した最初の文献である。『春日大宮若宮御祭礼図』の叙述とほぼ同じで、おそらくこの『春日神社記』は『春日大宮若宮御祭礼図』のネタ本だろう。飢饉や疫病流行という当時の社会情勢を正しく叙述する一方、それと抱き合わせで虚構を滑り込ませるという手法は、大衆を隠して忠通に注意を向けさせた『春日社年中行事』の方法と同じで、なかなか巧妙なテクニックである。

忠通創始説を受け入れる興福寺　このように、忠通創始説が興福寺の支配を脱しようとする春日社の運動のなかで生み出されてきたことは疑いない。そうだとすれば、興福寺がその主張を受け入れるはずはないと思うのだが、享保一二年(一七二七)に作られた『興福寺由来其他記《ゆらいそのたき》』の記述には驚かされる。そこでは、『古今最要抄　若宮祭礼条々』が引用されているにもかかわらず、大衆創始説ではなく忠通創始説が採用されているのである。興福寺も少なくとも一八世紀の前半、『春日大宮若宮御祭礼図』ができる前までには、忠通創始説を受け入れていた。

興福寺は大衆創始説をなぜ主張しなかったのだろうか。いうまでもないことだが、興福寺の大和国支配はすでに遠い過去の話でしかない。近世では、実質的には奈良奉行所の祭りになっていて、興福寺が大衆創始を主張する意味はなくなっている。興福寺自身が、おん祭をてこにして人びとに課税するなどということもありえない。一国支配の実態が失われ始めていた一五世紀の終わりころ作られた『若宮会目録序』では、奉仕を強いることをオブラートに包むように「そもそも祭礼執行とは、人間のなすところではない、かたじけなくも和光同塵《わこうどうじん》(仏菩薩が仮の姿で俗世に現れること)の御方便であって、一切衆生《しゅじょう》を済度するためである」とか、現世の幸福と来世での極楽往生《ごくらくおうじょう》が説かれていたが、この説明すら世俗化した江戸時代では色あせたものに映る。政治的な意味でも仏教的な意味でも、祭礼の意味や役割をあらためて問い直すべき時期に来ていたのである。

なにより、興福寺にとって喫緊の課題だったのが、享保二年(一七一七)の火事からの復興である。正月四日に起こった火事は、直ちに朝廷に伝えられ、二月には関白九条輔実《すけざね》らが幕府に再建を働きかけている。しかし、幕府の財政立て直しを優先する徳川吉宗はこれには応じず、むなしく一〇年近い歳月が費やされた。『興福寺由来其他記』が編まれたのは、再建の歩みが始まったばかりのころである。このような状況のなかで、朝廷の支援を受け、幕府に働きかけて資金を集めるためには、おん祭の創始と関白との結び付きを強調して朝廷を動かし、さらに、天下太平・五穀豊饒《ほうじょう》・人民快楽を祈るものとおん祭を位置付け直して、多くの人びとに現世利益を説くことのほうが、はるかに意味があっただろう。

忠通の春日崇敬

氏長者《うじのちょうじゃ》と春日社・興福寺との関係を考えれば、ときの関白藤原忠通がおん祭を始めたと説明しても何の違和感もない。現に、忠通は氏長者としておん祭の式日を定めている。さらに『春日大宮若宮御祭礼図』は『続世継《よつぎ》(今鏡)』を引用しつつ、忠通が春日への崇敬があつかったがゆえにおん祭を創始したと説明する。忠通が『春日権現験記《ごんげんげんき》』のなかで「道心《どうしん》なき子」といわれていたことは、『春日大宮若宮御祭礼図』の視野には入っていない。むしろ、当時すでに出版されていて影響力が強かったと思われる『続世継』では、忠通は藤原道長と並ぶような理想的な政治家である。長保五年(一〇〇三)に若宮の神が誕生したときの左大臣藤原道長、保延二年(一一三六)におん祭が始まったときの関白藤原忠通のツートップは、藤原氏との関係のなかで若宮の歴史を語るとき、これ以上ない布陣だったのである。

つぎの章で述べるように、春日社・興福寺と親しかった藤村惇叙が忠通創始説を採るのはごく自然の成り行きで、むしろそのような説を宣伝することが期待されたのかもしれない。忠通創始説は、近世社会のなかで生まれた言説であり、新しい文脈のもとでおん祭の起源を語るこの説こそ、春日社・興福寺がおん祭の持つ意味を近世社会のなかで積極的に位置付け直した証し、いいかえればおん祭の近世化の到達点にほかならないのである。

第五章　『春日大宮若宮御祭礼図』を読む

1　『春日大宮若宮御祭礼図』の成立

図24　『春日大宮若宮御祭礼図』

作者・藤村惇叙と春日社・興福寺

これまでたびたび参照してきた『春日大宮若宮《かすがおおみやわかみや》御祭礼図』（図24）は大変よくできた解説書で、おん祭に関する出版物として他の追随を許さない。享保一五年（一七三〇）に、まず『松之下《まつのした》行列図』が出され、やや遅れて寛保二年（一七四二）に『春日大宮御祭礼略記』『春日若宮御祭礼略記』が加えられて全部がそろった。版を重ねる間に、若干の加除・訂正が施され、やがて版元も代わった。寛保二年には三冊本だったが、二冊本も作られた。

作者は、詞書・挿絵とも藤村平七《へいしち》。雅号を惇叙《じゅんじょ》といい、延宝元年（一六七三）生まれの奈良の町人絵師である（没年不詳）。惇叙は、正徳五年（一七一五）ころに「南都《なんと》興福寺《こうふくじ》南大門《なんだいもん》薪能《たきぎのう》の絵図」（図25）、享保一九年（一七三四）に「春日若宮御祭礼松下図」、元文三年（一七三八）「やまとまはり幷紀伊《きい》和泉《いずみ》河内《かわち》摂津《せっつ》巡路付」（街道図）といった一枚刷りを上梓した。奈良の

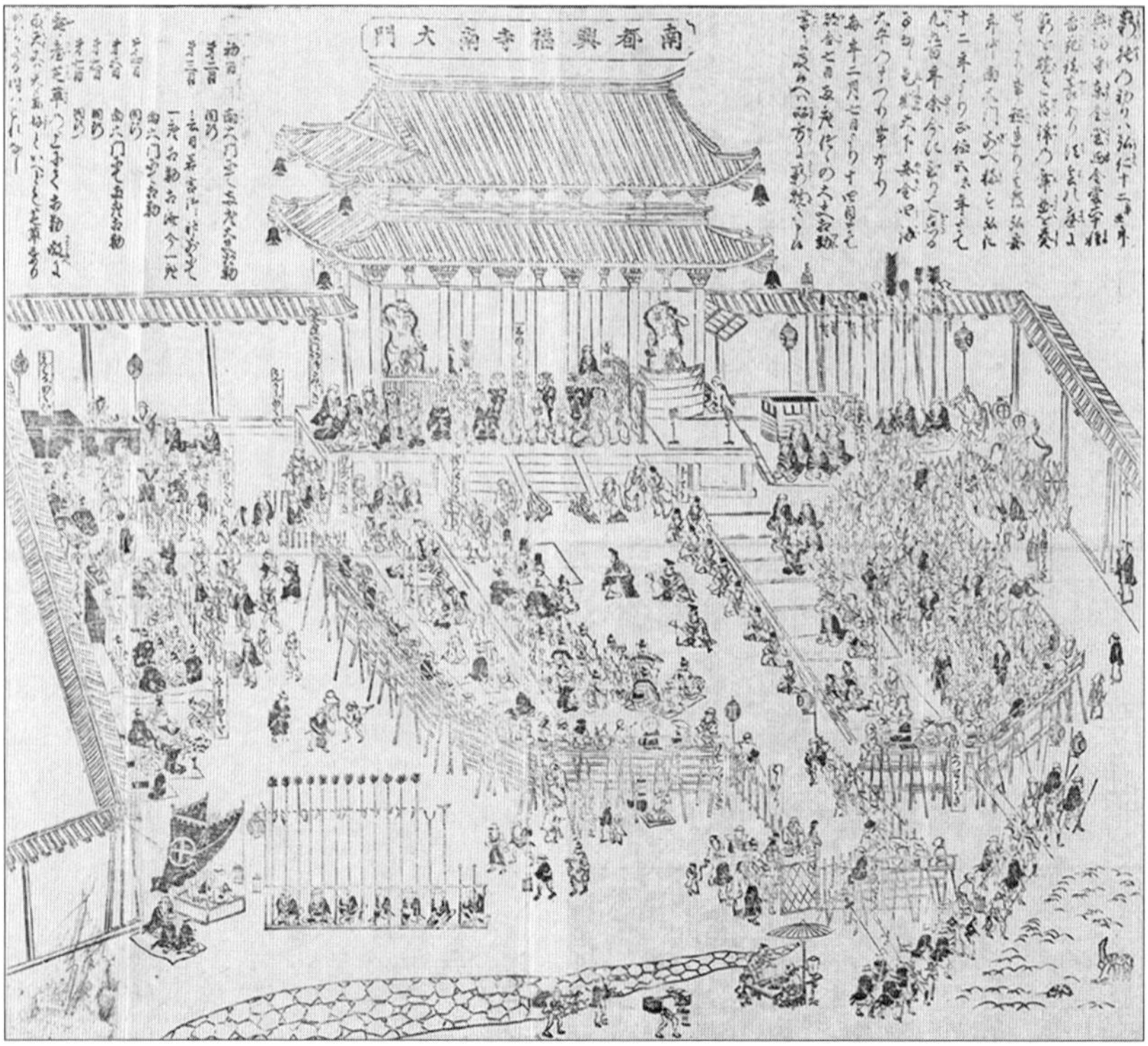

図25 「南都興福寺南大門薪能の絵図」 正徳５年

版元としては東大寺大仏前の絵図屋が有名だが、それ以前に活躍した奈良の出版業界のパイオニアである。

享保一三年（一七二八）、惇叙は仲間とともに春日社へ石灯籠《いしどうろう》を奉納し、その後も、絵師として「平家物語橋合戦《かっせん》図」や「花鳥図金屏風」を相次いで春日社に納めていて、春日社と関係が深かった。そのパトロンには、奈良の特産物であった奈良晒《ならざらし》の原料を扱う青苧《あおそ》問屋の近江《おうみ》屋や諸国青苧商人がいた。享保一八年（一七三三）にも惇叙が願主となり近江屋善右衛門・諸国青苧商人中が支援して「三十六歌仙《かせん》図扁額」（持明《じみょう》院基雄《いんもとかつ》筆・狩野永伯《かのうえいはく》画）を春日社に奉納していた。

興福寺とも縁があり、享保二一年（一七三六）には西金堂《さいこんどう》跡の前で一〇間四方に「恕」の一字を書くパフォーマンスを許されていた。そこで

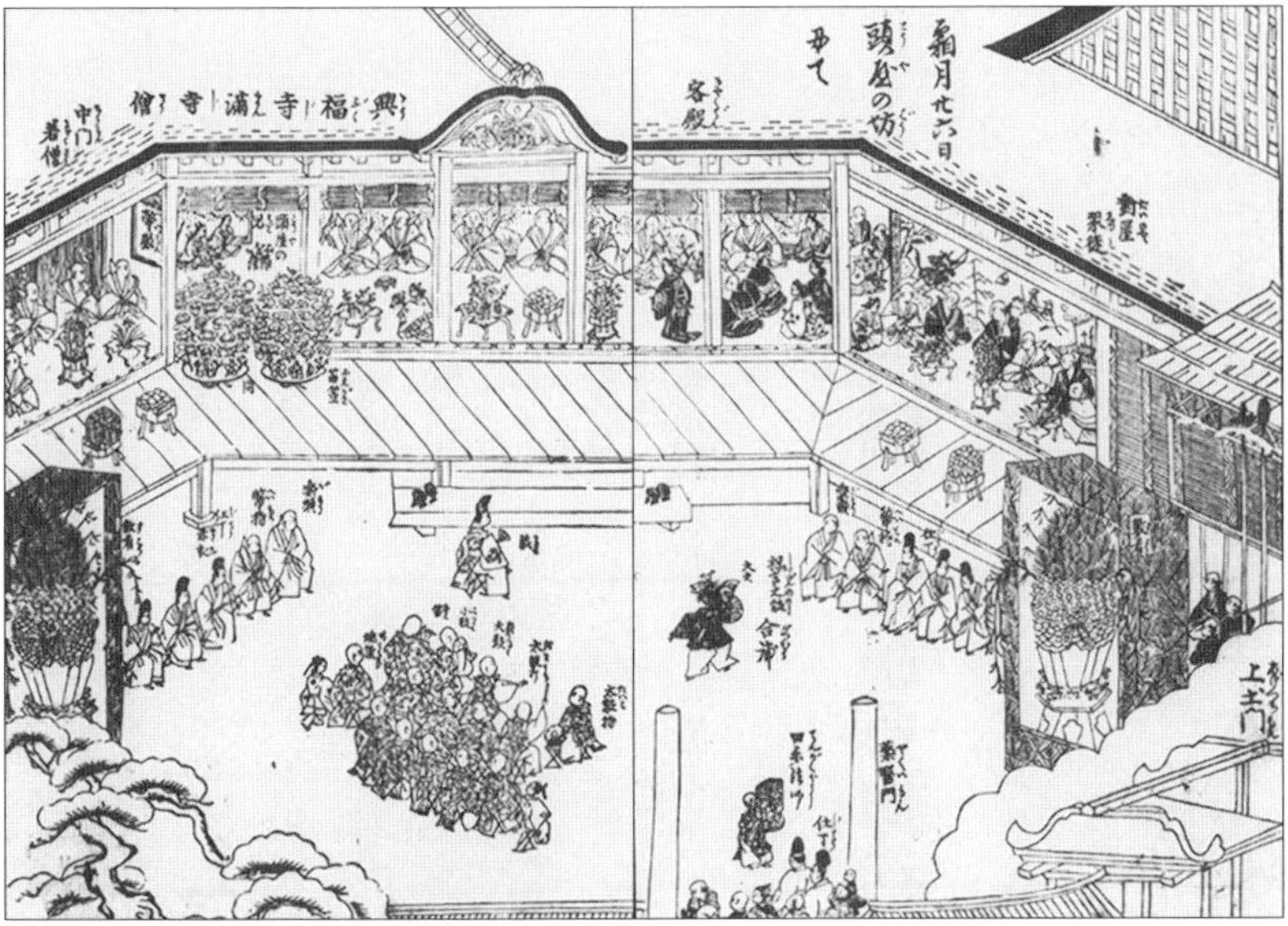

図26　田楽法師能の図(『春日大宮若宮御祭礼図』)

図27　田楽法師能の図(図26の拡大)

も近江屋がかかわっている。奈良の産業は、晒・酒造業からやがて観光へスライドしたといわれるが、晒業者のネットワークが観光に一役買っており、晒業と観光とを別物として理解するのは、必ずしも適切ではないだろう。

「田楽法師能《でんがくほうしのう》の図」(図26)には、享保二〇年(一七三五)に復興し、おそらくその後作られることがなかった「数肴《すごう》の御供《ごく》」が左右に大きく描かれている。数少ないチャンスをものにできたのは、藤村惇叙と興福寺との関係が深く、「数肴の御供」の復興情報を聞き逃さなかったからである。また、衆徒《しゅと》の後ろの屛風には、『平家物語』の屋島《やしま》の合戦に取材した那須与一が扇を射抜く有名なシーンが描かれている(図27)。『平家物語』の橋合戦図を春日社に奉納したことのある藤村惇叙の遊び心だろう。この「田楽法師能の図」は、春日社・興福寺との立場が近く、絵師でもあった藤村惇叙の性格がよく出ている。

藤村惇叙は、『春日大宮若宮御祭礼図』のなかで、おん祭は同時にあちこちで行事があるので、数年を経ないと見尽くすことができないと書いている。奈良の歴史に詳しかった村井古道《こどう》も『南都年中行事』のなかで同じことを記すが、これは現在神社で実際に奉仕している神職の実感でもある。惇叙の絵をみていると、おん祭を見尽くしていたのはいうまでもなく、むしろ知り尽くしていたのではないかとさえ思う。

いずれにせよ、おん祭には多様な行事があるうえ、能や田楽にはそれだけで重厚な著作があって、それらを個別に取り上げ始めたら、とても一冊の本には納まりきらない。以下では、『庁中漫録』や『南都年中行事』の助けを借りながら、惇叙の描いた挿絵を絵解きして、近世における行事の概要を解説してみることにしよう。

2 流鏑馬定から神幸まで

流鏑馬定　流鏑馬定《やぶさめ》は、六月一日に別会五師《べちえのごし》の坊で行われ、流鏑馬の頭役《とうやく》(願主人《がんじゅにん》)を定める式である(図28)。江戸時代には、願主人の家が定まっているため、本来の意味が失われて祭礼の事始めの式になっていた。願主人は一〇月一一日に、仲間うちで当年の配役を決める流鏑馬定を行った。

図28は六月一日の別会坊を描いている。奥に大鼓《おおつづみ》を打つ姿があり、おそらく酒宴にあわせ、禰宜による仕《し》舞《まい》・狂言が催されたときの様子である。絵図や絵巻では、しばしば異時同図法といって、一枚の絵のなかに異なった時間が描かれることがある。この場合、左端の来訪する僧侶と坊に座っている僧侶とが同一人物で

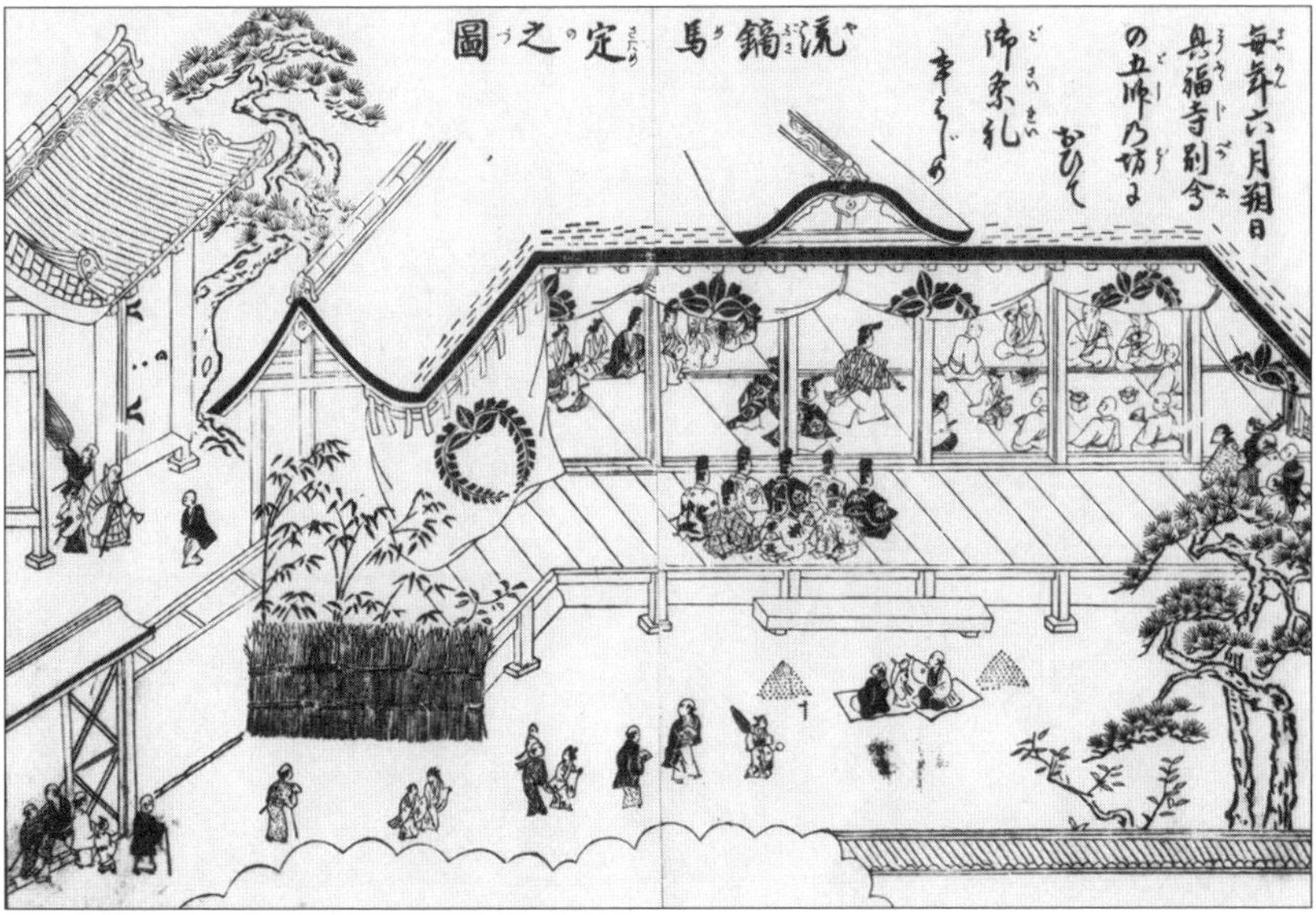

図28　流鏑馬定の図(『春日大宮若宮御祭礼図』)

あるかもしれない。

同じ六月一日に衆徒は集会を開き、この年の田楽頭役を指名する。近世では寺門からの下行《げぎょう》米があるため、中世のような大きな負担が求められることはなくなっていた。

お旅所縄棟　九月一日の縄棟《なわむね》(図29)は、お旅所御殿の起工式である。氷室《ひむろ》社の祭礼の舞楽《ぶがく》の太鼓《たいこ》の音を合図に、お旅所の縄棟が始まる。そのため、氷室社の祭礼が遅れると縄棟も遅れた。例えば、享保一七年(一七三二)八月に霊元《れいげん》法皇が死去すると、氷室社の祭礼は延期され、縄棟も氷室社祭礼の一一月一日まで行われなかった。

興福寺の作事担当者は、図にもある修理目代《しゅりもくだい》である。修理目代は成身院《じょうしんいん》が勤め、六年に一度は西修理目代の徳蔵院が出ることになっていた。筒井《つつい》氏が寺元(坊舎や什物《じゅうもつ》を所有し院主の人事権を握っている人のこと)だった成身院が修理目代の地位を確保したのは一五世紀の終わりころであり、徳蔵院は、松永久《ひさ》秀《ひで》被官《ひかん》の新《あたらし》織部《おりべ》に関係ある坊舎で、天正期ころまでに作事に何らかの権利を持つようになったのだろう。

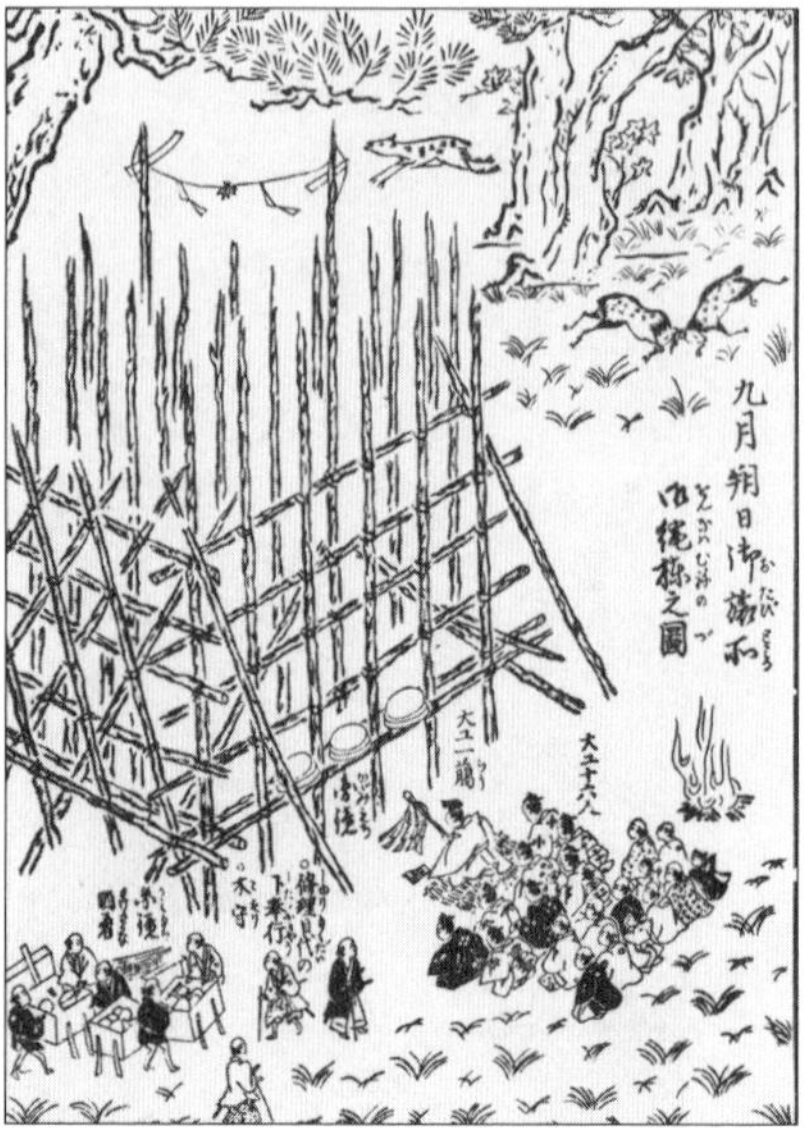

図29　縄棟の図（『春日大宮若宮御祭礼図』）

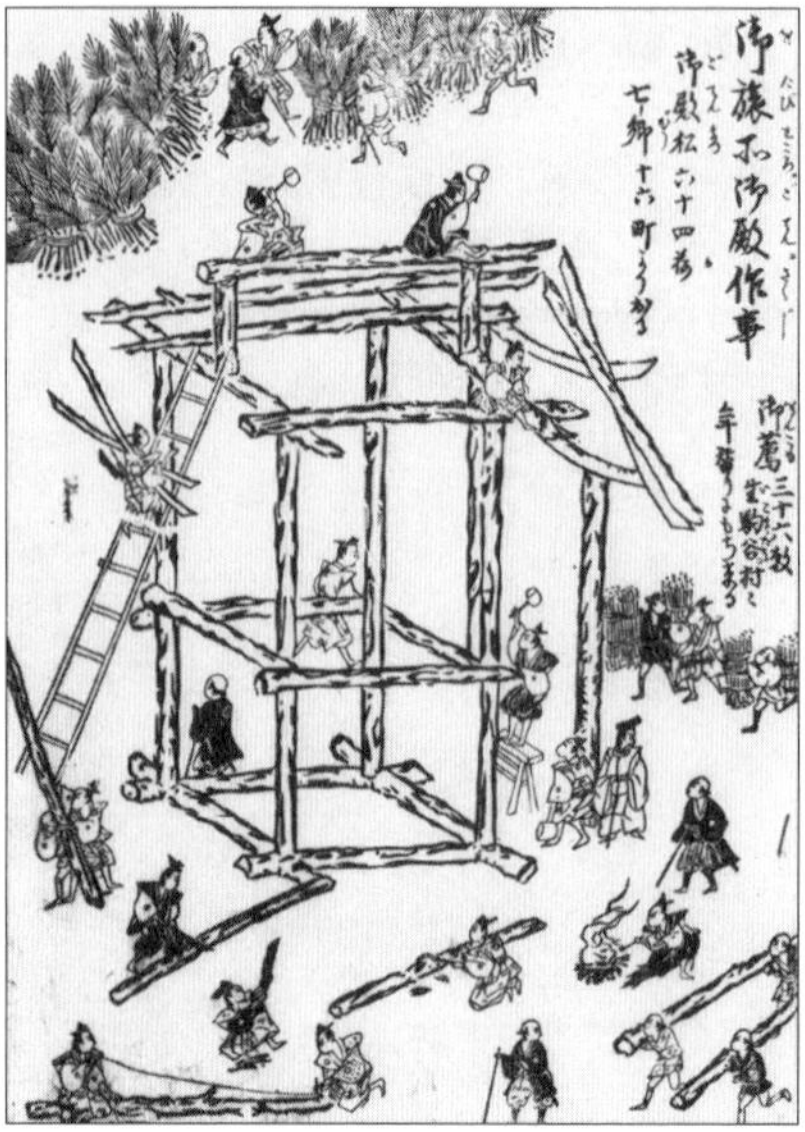

図30　お旅所御殿作事（『春日大宮若宮御祭礼図』）

図31　『春日祭礼興福行事』上巻　宝永６年

奉幣《ほうへい》している大工一六人は春日座の大工である。春日社に属すと同時に、江戸幕府の大工頭の中井家の支配下にもあった。木守《こもり》はお旅所のこまごまとした用品類の出納、設置にかかわっている。寺木守四人のほか、寺務付きの木守を寺務(御坊)木守、成身院付きを修理木守といい、興福寺から下行米を受けた。

修理目代の下奉行である目代は、めだたないが重要な役回りである。松の下の興福寺僧の桟敷《さじき》の世話、流鏑馬(宵宮《よいみや》・本番)

の的の管理、遷幸前に木守に命じて御旅所から人を追い払い、燈籠、立松、松明《たいまつ》や別会の祝詞《のりと》のときの膝突《ひざつき》を用意し、三綱《さんごう》には御幣《ごへい》を渡す。あるいは八乙女《やおとめ》の神楽《かぐら》では神楽床に筵《むしろ》を敷き、終われば持ち帰るなど、道具の出し入れに忙しい。神前に非人が出ないように木守に番をさせ、夜になれば篝火《かがりび》をたいた。祭礼が終わると、材木の配分や支払いの残務をこなす。

縄棟は、一一月二〇日に解体され、材木は寺木守四人に下げ渡された。

お旅所御殿作事　お旅所御殿の作事(**図30**)は、一一月二一日から始まる。縄棟から実際の工事まで間延びしているのは、祭礼日が興福寺や国人の都合で遅れても、縄棟が氷室社の祭礼と結び付いていたため、その日が動かなかったからである。

図30は、宝永六年(一七〇九)に明王院宣慶《みょうおういんせんけい》が描いた『春日祭礼興福行事』におけるお旅所の作事の様子と構図が大変よく似ている(**図31**)。誰が描いてもさして変わる光景ではないだろうが、それでも藤村惇叙は宣慶の絵を参照したのではないかと疑いたくなる。

お旅所の建設に必要な用材のうち、御殿木《ごてんぼく》は奈良奉行によって吉野郡を除く一四郡に課せられた(八五ページ参照)。このほか、屋根の松葉は、花山の山廻りが集めお旅所へ運んでいた。運び込みの人足料は、中世の寺門郷(南都七郷)に由来する一六町がそれぞれ負担していたといい、これを取りまとめるのが、興福寺の配下として死鹿の処理や弱った鹿の世話にかかわっていた油坂《あぶらさか》町(奈良市油阪町)の鹿太郎であった。のちには、南北触口下の一〇〇町が費用を負担するようになった。

お旅所の柴垣は添上郡杣ノ川《そまのかわ》村(奈良市杣ノ川町)、御殿の壁土は奥芝辻町が負担して疋田《ひきた》村(奈良市疋田町、あるいは宝来村〈奈良市宝来町〉から持って来ることになっていた。お旅所や仮屋の敷薦《しきこも》は、平群郡東椎木《しぎ》・西椎木(大和郡山市椎木町)の両村が隔年で奉仕した。南の中門の仮屋、東西の楽人の仮屋の木は成身院、屋根の安田板は大宿所賄《おおしゅくしょまかない》(一〇六ページ参照)が準備した。このほか、敷松明は添上郡水間《みま》村(奈良市水間町)、竹松明は同郡別所村(奈良市別所町)、送り松明と御殿仮屋の木一八本は同郡丹生《にう》村(奈良市丹生町)が奉納した。奈良廻り八箇村(法蓮〈奈良市法蓮町〉・芝辻〈奈良市芝辻町〉・油坂〈奈良市油阪町〉・杉ケ《するが》〈奈良市杉ケ町〉・京終《きょうばて》〈奈良市南京終町〉・城戸《じょうど》〈奈良市大森町〉・野田〈奈良市春日野町〉・川上〈奈良市川上町〉)と山村(奈良市山町)、奈良坂村(奈良市奈良阪町)は人足を出すことになっていた。

お旅所御殿作事の仕上げとして、二六日に左官が壁を塗る。壁は、疋田山の白土をまだらに塗るのが旧例であった。屋根は、檜皮座《ひわだ》三座(寺座・大乗院座・一乗院座)が葺いた。暮六つ前にお旅所御殿が完成し、御殿に御簾《みす》がかけられる。御神鏡は、禰宜から木守が受け取り、御神鏡磨が鏡を磨くまねをして清めて神前にかけ、お旅所御殿の準備が整う。

にぎやかな湯立　「御湯図」は一一月二五日、大宿所で行われる湯立《ゆたて》の様子である(**図32、口絵⑤**)。庭の中央で、神子《みこ》が湯立神楽を舞い、その後ろに銅拍子《どびょうし》と小鼓を打つ人、周囲にはそれにあわせて躍る人がいる。この絵は、当時の湯立が今以上ににぎやかだったことを伝えている。

湯立の神子は、大宿所賄役の町代が南方触口の半田家のときは鶴福院《つるふくいん》町から、北方触口の高木家のときには西口町(奈良市西城戸町)から来る。どちらも地下《じげ》(町人身分)の神子である。中世の湯立は、願主人が奈良入りする前に大宿所を清めるために行われていたが、近世では、願主人はすでに大宿所で参籠しているので、

図32　御湯図(『春日大宮若宮御祭礼図』)

図33　大宿所の庭の掛物(現在)

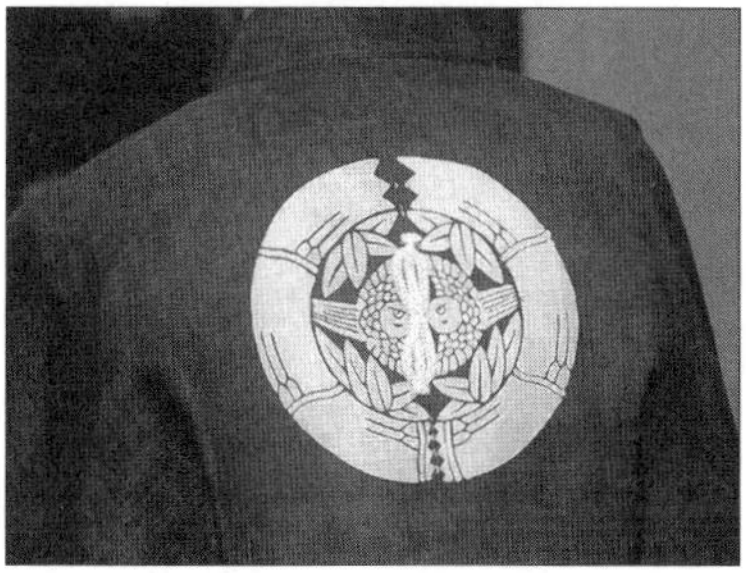
図34　大和士の大紋(坂堂家家紋)

その意味はなくなっていた。

大宿所の庭の周囲には雉、狸、兎、塩鯛がかけられ、入り口側には酒樽が積まれていた(図20・33)。大宿所の縁側には願主人が着座し、背後には随兵《ずいひょう》の甲冑、弓矢、供物の大折や献菓子、島台、野太刀が飾られている。絵にはないが、その奥の床の間には法相擁護の赤童子の神像がかけられていた。

すでに何度も触れているが、流鏑馬の奉仕者は願主人と呼ばれた。天正期に願主人を勤めた箸尾一党の坂堂《はんどう》家、同じころ大宿所惣奉行を勤めた今中家、『長川流鏑馬日記』の一六世紀の写本を有する小坂家などがあった。中世での六党による奉仕から、近世ではこれらの家の奉仕に改まり、願主人の仲間うちから射手児《いてのちご》・揚児《あげのちご》を出し、願主、御師、随兵、馬場役の諸役を勤めた。願主人は明治一〇年（一八七七）ごろに奉仕をやめたが、その諸役を引き継いだ現在の大和士《やまとざむらい》の装束の大紋には、今日なおこれらの家の紋が用いられている（図34）。

大宿所は、もともと願主人の分限によってその都度奈良町の屋敷などから選ばれていたが、戦国期には党ごとに大宿所とする堂が決まっていた。毎年奉仕する散在党の大宿所が高畠（奈良市高畑町）近辺にあった遍《へん》照院《じょういん》で、一六世紀半ばには廃絶した。『春日大宮若宮御祭礼図』では、大宿所は、秀長時代に奈良の代官であった井上源五によって遍照院跡に再建されたとされるが、『春日若宮祭礼記』上（『庁中漫録』）が記すように、井上源五が餅飯殿《もちいどの》町に家を建てて遍照院と名付け、大宿所とも呼んだとする説が事実だろう。

大宿所の運営費は奉行所が負担し、寛文五年（一六六五）から二〇〇石と定められた。町代が大宿所賄となって費用を管理し、願主人・細男《せいのお》への下行や神前の供物などの費用、布施などを支出した。大工や畳師のほか、檜物師、絵師、茶師などが奉仕し、絵師のなかには、一刀彫や正倉院御物の模造・模写で知られた森川杜園《とえん》のような人物もいた（図35・36）。

掛物は、祭礼後、願主人が拝領したほか、奈良奉行や京都所司代、与力《よりき》・同心《どうしん》、奈良町の惣年寄など、関係する人びとに贈られた。掛物に限らず、大宿所でつかれた餅、大折・小折などの供物も、奉行所のほか奈良の町人に配られた。大宿所は、準備の段階から片付けまで、ずいぶんとにぎやかな場所であった。

装束賜　一一月二五日、田楽頭坊に田楽師が呼ばれ、装束賜の儀式がある。「賜」は「たばり」と読む。「たばる」は、「たまわる」と同じ意味で、奈良・和歌山などの方言として残っていたが、最近はほとんど耳

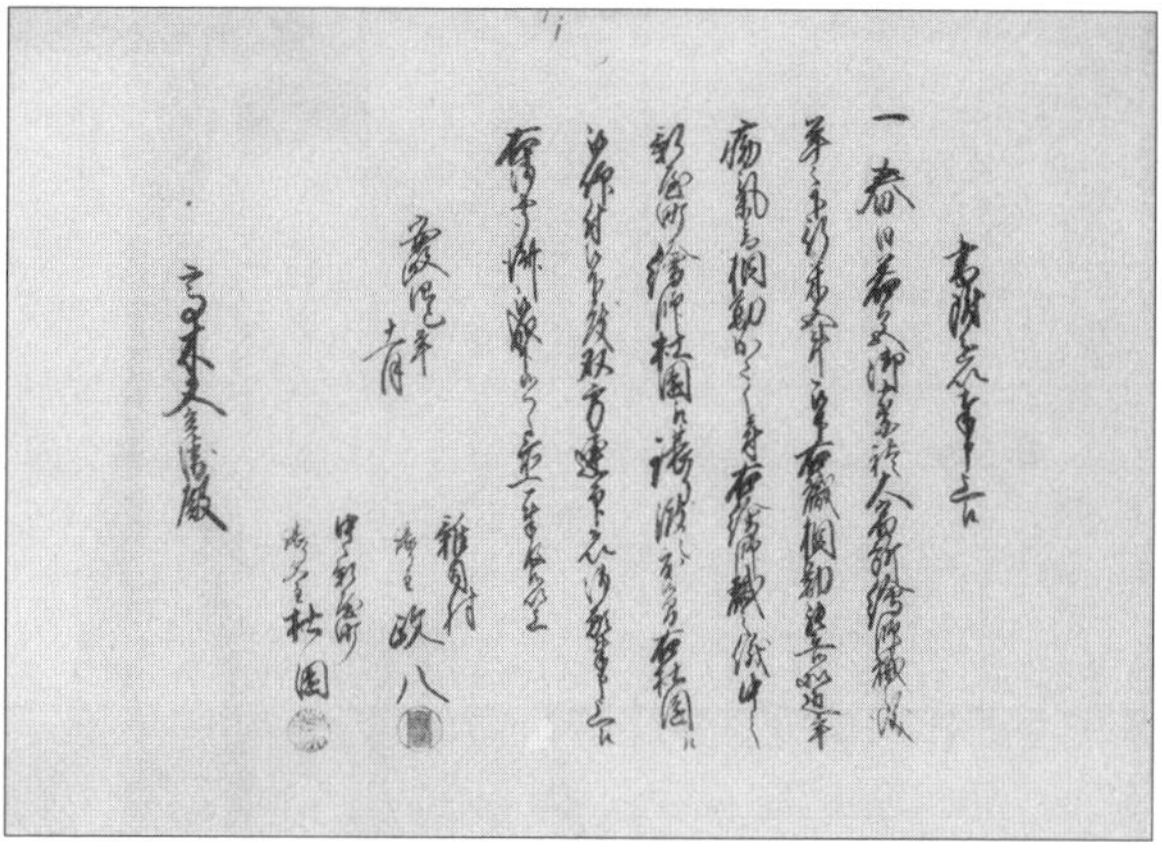

図35　森川杜園大宿所絵師願　安政４年

図36　森川杜園

にしない。

「田楽法師能の図」（図26）は、頭屋での饗応のときの田楽能の場面である。正面の客殿の左奥にふたりの頭屋児《とうやのちご》、正面に興福寺の学侶、右手対屋《たいのや》には衆徒が、左の中門には若僧が陣取っている。頭屋児は僧侶の付弟や三綱の子弟が勤めた。頭屋児の前には千切台《ちぎりだい》（図37）、僧侶の前には島台・大折・小折（亀足《きそく》）が並べられ、宴《うたげ》を彩っている。稚児の後ろの屏風の裏には御幣が立てられることになっている。縁側におかれたひときわ大きな花笠（笛笠）と大折は田楽に渡される。左右の数肴の御供は享保二〇年に復興された当時でも珍しいものである（九九ページ参照）。正面の薬医《やくい》門は、土塀を切って新たに建てる。

右手の端には奈良奉行の仮屋（図38）が設けられる。近世後期に奈良奉行になった川路聖謨《かわじとしあきら》は、日記『寧府紀事』に「奉行の見物所は、長四畳の広さで、高麗縁《こうらいべり》の畳を敷き、屋根は青竹と杉皮で作り、青い杉の皮で柱も何もみな葺いている。精霊棚《しょうりょうだな》に金屏風を立てたようなものだ」と書き留めた。初盆供養の盆棚《ぼんだな》に入ったような気分になったのだろう。宴の途中で、見物人に饅頭《まんじゅう》を投げる「饅頭ほうり」があり、川路は田楽の芸よりもこちらのほうをおもしろがっている。

図38　田楽頭坊の奉行の仮屋(『春日祭礼興福行事』上巻)

図37　千切台

図39　田楽宵宮詣の頭屋児の肩車
(『春日神幸図』１)

一連の式が終わると、当屋の児は、清浄を保つため、地に足がつかないように従者の肩に乗せられ、供《とも》を引き連れ宵宮詣《よいみやもうで》へと向かった(図39)。大宮では奉幣のときに正面の掛木に児を立たせ、若宮では肩車のままで拝殿前に立つことになっていた。

同じ日に行われる願主人の宵宮詣では、社参したあと、馬場で流鏑馬の予行練習があった。田楽の宵宮詣では、大宮で中門口《ちゅうもんぐち》、刀玉《かたなだま》、高足《たかあし》《こうそく》、若宮ではそれに加えてもどき開口、立合舞を奉納した。

大湯屋蜂起　衆徒には、大和国全体に散在していた田舎衆徒と奈良を拠点とする寺住衆徒のふたつの区別があった。しかし、兵農分離によって田舎衆徒は消え、寺住衆徒(奈良衆徒)が、薪能・おん祭にかかわる集団として残った。その衆徒がおん祭の前に開く決起集会が大湯屋蜂起《おおゆやほうき》である。大湯屋は興福寺境内の東南の隅にある。

図40　大湯屋蜂起後の行列(『春日神幸図』1)

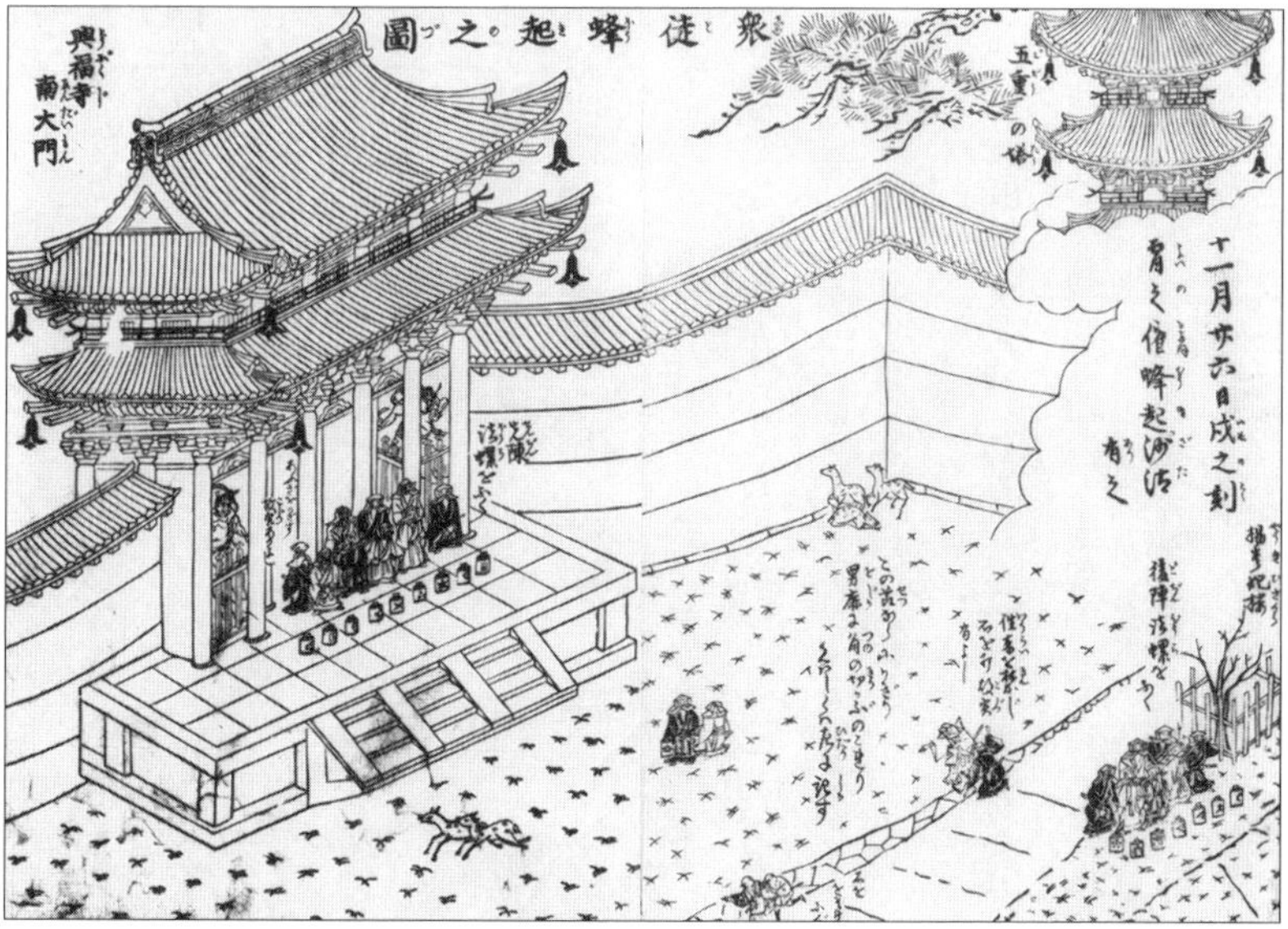

図41　衆徒蜂起の図(『春日大宮若宮御祭礼図』)

一一月二六日戌の刻(午後六時ころ)、衆徒は大湯屋に集まり、社頭の清浄を保ち、穢れを払うように一山に注意をうながす口上を述べる。衆徒の職務が検断(警察・検察)、あるいは穢れを祓うところにあったからである。このあと帯刀・裏《か》頭《とう》の衆徒は、先陣と後陣に分かれ、走《はしり》井《い》の水沿いにお旅所の南をめぐり、石を打ち、法螺《ほら》貝《がい》を吹きながら練り歩く(**図40**)。南大門では、先陣は門の壇上、後陣は楊《よう》貴《き》妃桜《ひざくら》の前に並び、法螺貝を吹き合わせる。「衆徒蜂起の図」(**図41**)は、このときの様子である。絵には、封鎖された辷《すべ》り坂に紛れ込んだふたり連れが、石を投げられて逃げている様子が描かれている。口上の言葉でいえば、彼らは、異類異形あるいは汚穢不浄の者のように扱われたのである。なお、享保二年(一七一七)の火事で南大門は焼失しており、この絵の描かれたときにはすでに建物はなかったはずである。

遷幸の儀　いよいよ遷幸が始まる。若宮の神が若宮御殿から出るのを許されるのは一日限りとされているので、遅刻・遅延は禁物である。祭礼の緊張感は、神事であるということだけではなく、時間が制約されているという独特のルールによってもたらされていた。

二六日の夜、別会五師がお旅所の西の仮屋に出仕し、亥の刻(午後九時ころ)に、仕丁の一臈・二臈である戸上《とがみ》・拍手《かしわで》を召して、初度の案内を命じる。仕丁の両人がお出ましを願うと、当番の禰宜が鳥居のうちから「受け給う」と応じ、笛方の楽人が乱声《らんじょう》を奏す。その後、若宮方禰宜が、社家の参籠所、禰宜の座、あるいは興福寺の僧侶が出仕して遷幸を待つ五ケ屋《ごかのや》(春日社の西側にあった参籠所。本談義屋・新談義屋・西新談義屋・北新談義屋・東新談義屋)にも案内する。一乗院・大乗院もそれぞれ但馬屋・船戸屋にて遷幸を待っている。

子の刻(午後一一時ころ)に二度目の案内があり、丑の刻(午前一時ころ)の三度目の案内を合図に、社家・禰宜・楽人は若宮神前に出仕する。興福寺僧は、車宿《くるまやどり》のあたりで待機する。

三度の案内の時刻については、丑の刻のほか、寅の刻(午前三時ころ)とするもの、あるいは東大寺大仏殿の後夜《ごや》の鐘や新薬師寺の後夜の鐘との記述もある。寺の鐘の音が合図になるのは、いかにも奈良の祭りである。現在の三度目の案内が午後一一時半ころだから、早いほうの丑の刻としても二時間近く始まりが遅い。

明治改暦以前は、一日の始まりが丑と寅の間、いわゆる丑三つ時(午前二時半ころ)だったからである。

若宮常住禰宜が壇上の北から「第三度の乱声」と三度唱えると、楽人がそれにあわせて乱声を奏する。ついで、拝殿に向かって「拝殿の格子あげられ」と唱え、拝殿の「中の者」が「受け給う」と三度答えて格子をあげる。このとき、ばたんばたんと大きな音をさせていく。暗闇のなか、これらの声と音とを合図に、若宮神主によって遷幸が始められる。

図42は、一切の火を消し、すでに六道《ろくどう》のあたり(現在の万葉植物園付近の参道)に進んだ先頭の大松明と松明からこぼれた火を頼りに、お旅所に向かう遷幸の様子である。「火を消せ」といってまわる者がいるが、現在でも、フラッシュや自動車のライトなどは厳禁である。若宮の御神体は、四手《しで》のついた榊を手にした多数の禰宜の人垣によって守られ、禰宜が「おう、おう」と警蹕《けいひつ》《みさき》を発しながらお旅所に向かい、社家・楽人がそれに従う。江戸時代には禰宜が数百人おり、人垣が幾重にもなった。道楽《みちがく》には慶雲楽《きょううんらく》が奏せられ、六道から「楽《がく》の拍子」が加えられる。これは荷《にない》太鼓のことで、油坂村庄屋(鹿太郎)が奉仕することになっていた。一般の多くの参詣者も声をあげ、僧侶らとともに遷幸の供をした。

お旅所での様子　お旅所では、別会五師が遷幸を待ち受け、一行が近づくと木守が仮屋にいた一般の参詣者を追い出し周囲の火を消してまわった。待機していた楽人が「儲乱声《もうけらんじょう》」を奏し、右方の鼉太鼓《だだいこ》が打ち鳴らされる。楽がやみ、警蹕と「儲乱声」が響くなかでお旅所御殿に若宮の神が遷される。その後、燈籠をつり、神前の立砂・植松が木守によって調えられる。御殿の東に大中臣《おおなかとみ》姓の社司、西側に中臣姓の社司の床が用意されていて、それぞれ着座すると別会五師、三綱、修理目代が奉幣する(**図43**)。一乗院・大乗院は、仮屋の

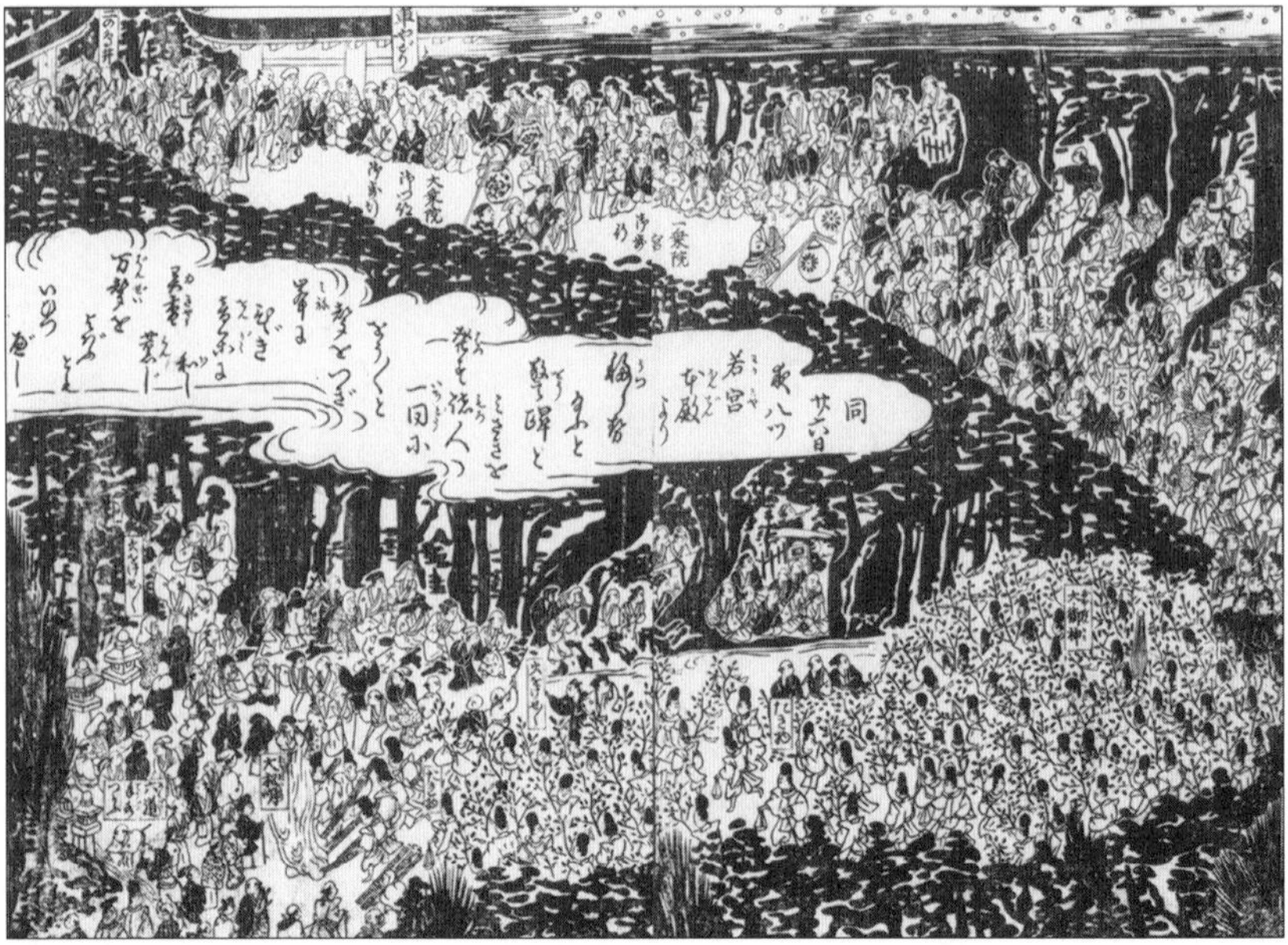

図42　御旅所御神幸の図(『春日大宮若宮御祭礼図』)

図43　五師の奉幣(『春日神幸図』 1)

近くで拝礼する。神楽のあと、卯の刻(午前六時ころ)にいったん儀式は終わるが、本来なら、神楽が途切れることなく奉納され、社家や別会五師などは神前に詰めていなければならない。しかし、戦国期には、神楽が二番ほどすむと一同は退出し、あとは、当番の禰宜が神前に詰めるだけになっていた。神楽は二七日辰の刻(午前八時ころ)に再開された。

二六日から二七日の神前の散銭は、非人に与えられることになっていた。

3　南大門交名と松の下の渡り

南大門の様子　二七日の早朝、大宿所には、願主人の馬、乗込馬《のりこみうま》や競馬の馬、それに従う人足が集まってくる。願主人の一行は、巳の刻(午前一〇時ころ)、大宿所を出発して南大門に向かう。そのときの「乗り出しの祝い」に酒と意伝坊《いでんぼう》が出された。意伝坊は、もち米、ごま、小豆などの六品で作る麦粒ほどの肴で、結び昆布が添えられている(図44)。江戸時代後期には、茶師であった小太郎町の小太郎によって納められていた。

南大門交名《きょうみょう》は、おん祭に奉仕する芸能者の出席を取る儀式である。「南大門交名の図」(図45)では、南大門壇上の中央に帯刀・裹頭の衆徒、左右には寺僧(六方)が裹頭で立ち並ぶ様子が描かれている。門の東側には、射手児、随兵、御師役が並び、馬一三〇匹を従えている。道の南側にも馬場役、願主人、御師《おし》が野太刀、中太刀を従えて、北向きに並んで警固の役にあたる。とはいえ、実際には、南大門の西側の奈良奉行所与力ふたり、同心九人(本同心五人・郷《さと》同心四人)、たばこ屋(一四二ページコラム参照)の総代ふたりとその仲間

図44　意伝坊(現在)

図45　南大門交名の図(『春日大宮若宮御祭礼図』)

図46　南大門交名の様子(『春日神幸図』1)
右上に出番を待つ芸能者，右に槍持ちが築地塀で待機している様子が描かれる。

が見物人を取り締まることになっていた。南大門ではもともと衆徒が雑人を取り締まっていたが、奈良奉行中坊時祐《なかのぼうときすけ》のときに奉行が杖突《つえつき》を出すようになったのが、奉行による警固の始まりだった。

交名の始まり　交名に出仕する一行は興福寺境内で待機し、南大門の東側にある穴門《あなもん》を通り南大門前に進んだ（図46）。現在南大門交名が行われているのは、明治期につけられた階段である。

交名の最初は、田楽である。本座・新座がそれぞれ芝舞台で芸能を奉仕し、終わると南大門にあがり、衆徒らの間を抜けて、興福寺境内で待機する。室町時代には、高足で石の階段を上って喝采を浴びたという。最近復元された南大門の基壇の石階段は幅が狭く段差も大きい。ここをホッピングしてあがるのは、かなりの芸達者でなければ無理である。

図45は、田楽に続く梅白杖《うめのずはえ》・祝御幣《いわいのごへい》を持つ赤衣の公人の一臈（戸上）・二臈（拍手）が交名をすませ、西の橋本町に向かっているところである。行列は、南大門から興福寺の築地（大垣）をめぐって、東向《ひがしむき》（南・中・北）町、宿院《しゅくいん》町と進み、鍋屋《なべや》町、油留木《ゆるぎ》町と歩く。これを「橋本の渡り」あるいは「下の渡り」といった。築地をめぐったあと、興福寺境内などに準備された休幕《やすまく》で松の下の渡りを待った。

その後に楽人の役が続く。十列《とおつら》の児《ちご》はお旅所で東遊《あずまあそび》を舞う児で、冠に桜の造花をさし青摺《あおずり》の装束（小忌衣《おみごろも》）を着る。ついで日使《ひのつかい》が進む。その供であるふたりの陪従《べいじゅう》が、南大門前に進み、馬に乗ったまま、篳篥《ひちりき》、横笛で短く音出《こわだ》しているのが本図である。

以後、巫女《みこ》、細男、猿楽、馬長児《ばちょうのちご》、競馬、長谷川党（願主人）、従馬（乗込馬）と続く。

巫女　明治維新時の説明では、巫女には、辰市神子《たついちのみこ》、八島源宮《やしまげんぐう》が差配する八島神子《やしまのみこ》、添上郡大柳生《おおやぎゅう》（奈良市大柳生町）・小柳生《こやぎゅう》（奈良市柳生町）・邑地《おうじ》（奈良市邑地町）・坂原（奈良市阪原町）から輪番で出る郷神子《ごうのみこ》、奈良町の天満・御霊《ごりょう》・氷室・漢国《かんごう》の各社から出る奈良神子、そして若宮拝殿八乙女《やおとめ》があった。拝殿八乙女は若宮神主が催すもので、本来は八人そろえるべきところ、ひとり、またはふたりしか渡らなかった（図47）。

八島源宮は、添上郡横井村（奈良市横井町）にいて、穴栗《あなぐり》神社（奈良市古市町穴吹神社）の神主をしており、神子を催すについて唐院から下行米を受けていた。

細男　ついで細男が登場する。細男は白の覆面をつけ袖で顔を隠す所作、あるいは腰鼓を打ちながら後ずさりする所作をする。細男には、神功《じんぐう》皇后が筑紫に下ったときに細男という舞を舞って磯良《いそら》を召し出し、干《かん》珠満珠《じゅまんじゅ》を得て異国を征伐したという伝承があった。御霊に対する清めや祓いを意図したものと考えられている（図48）。

細男の頭役は、一三世紀には南都七郷のうち二か郷が順番に奉仕しており、細男の乗る馬の奉仕は金剛大《こんごうた》夫《ゆう》に命じられていて、芸能者と馬とのふたつに役が分かれていた。一五世紀には細男の負担は奈良町、馬は馬借が負担しているので、基本的な枠組みは変わっていない。

細男はもともと二村一二人だったが、一八世紀初めには式上《しきじょう》郡穴師《あなし》村（桜井市大字穴師）、同郡馬場村（桜井市大字三輪）、山辺郡萱生《かよう》村（天理市萱生町）、同郡上ノ庄《かみのしょう》村（天理市二階堂上之庄町）、広瀬郡広瀬村（北葛城郡広陵町大字広瀬）からの六家で一村《ひとむら》の奉仕になっていた。細男の御幣が二本あるのは、もともと座が二村《ふたむら》あった名残だろう。

寛永一二年（一六三五）に郡山藩領内に住んでいた細男が年貢未進によって欠落ちしたために、祭礼奉仕が

図47　巫女(『春日若宮御祭礼絵巻』中巻)

図48　細男(『春日若宮御祭礼絵巻』中巻)

できなくなるという事件があった。奈良奉行中坊秀政《ひでまさ》からの申し出によって年貢は赦免されたが、郡山藩領だけではなく、高取藩領や小泉藩領でも同様な問題が生じたというから、右の家以外は江戸時代の初期になって奉仕をやめてしまったのだろう。同じようなことは願主人の家にも起こっていた。

細男に対して、慶長一〇年代にはひとり一石《こく》、寛永五年(一六二八)にはひとり五斗が奈良奉行所から与えられていた。その後も大宿所の費用で奉幣が作られ、勤料四石が下行されているように、願主人同様彼らの身分は奈良奉行所によって支えられていった。

中世の慣習を引き継ぎ、寛永期には奈良座といって細男の乗る六匹の馬を出す集団がいた。これに対しても六石(のち五石)の下行があった。祭礼はこと細かく幕府によって助成され、保護されていたのである。

馬六匹の奉仕義務と五石の下行米の権利は、近世後期には株となっていて、南市の町人から町代高木又兵衛に売却されている。それによれば、乗り馬の奉仕は二七日の早朝から松の下を渡りお旅所へつくまでで、馬六匹の賃料、春日社御師の燈明料、茶代、羽織袴の警固役ふたり、下行を受ける唐院の承仕への付け届け、細男へ挨拶するときの贈物代など、計米八斗、銭三貫七〇〇文、紙二束、酒二升が、与えられた五石のなかから支払われた。さらに鞍の修理料も経費としてかかり、残りが株を所持する高木の利益となった。

猿楽　円満井《えんまんい》、坂戸《さかど》、結崎《ゆうざき》、外山《とび》の大和四座は、地域を母体として能を演じる芸能集団だったが、それぞれの座で芸達者、スターが生まれた。それが金春《こんぱる》大夫、金剛大夫、観世《かんぜ》大夫、宝生《ほうしょう》大夫である。やがて四座は、大夫の名前で呼ばれるようになった。大夫と大夫に率いられた集団は、室町幕府ついで江戸幕府や諸大名に重宝され発展し、だんだんおん祭に参加しなくなる。一方、在地に残った古い座の人びとが、おん祭・薪能《たきぎのう》に参勤し、「式三番《しきさんば》」だけを奉納するようになった。これが年預《ねんよ》衆であり、その中心が権守《ごんのかみ》で、興福寺側からは「長《おさ》」と呼ばれた。

豊臣秀吉の命によって文禄二年(一五九三)以後、しばらくは四座がそろった。しかし、その後慶長五年(一六〇〇)には観世が消え、やがて宝生も奉仕しなくなり、寛永末年から金春・金剛の二座のみが奉仕した。寛文二年(一六六二)、幕府は、おん祭と薪能の奉仕の方法として、観世座の奉仕を正式に免じること、残る三座のうち二座が交替で奉仕すること、参勤費用として五〇〇石を支給すること、の三点を定めてこ入れした。しかし、元禄から享保ころには再び大夫は参勤しなくなり、かわって弟子衆が奉仕するようになった。

猿楽は二七日の南大門交名、松の下、お旅所、そして二八日の後日能(後宴能)に奉仕する。南大門交名の参加は金春座のみであった。大夫の座はさきの幕府の定めによって交替で奉仕したが、年預衆はこれとは関係なく毎年出仕した。

馬長児　馬長とは、一般には、天皇・貴族などから調達された馬とそれに乗る一行のことで、馬長童・雑《ぞう》色《しき》数人の集団で構成される御霊系祭礼における風流《ふりゅう》である。

おん祭では、五人の興福寺学僧が輪番で奉仕する。児は萌黄《もえぎ》の狩衣《かりぎぬ》に山鳥の尾を頂きに立てたひで笠(四手笠)をかぶり、背中に紅白の牡丹《ぼたん》の作り花を背負う(**図49**)。児に従う大童子は、白張《しらはり》を着して末広《すえひろ》扇を持ち、南大門交名のとき、声高に奉仕の学僧の僧位僧官を名乗る。三人の従者は、下り藤の紋の入った装束に龍の作り物をかぶり、腰に木履《ぼくり》をつけ、手には短尺のついた竹笹を持つ。短冊《たんざく》には、「あふこひ」「しのぶこひ」などと風流の言葉が書かれている。

競馬　競馬は三綱(興福寺の役僧)が負担するので、南大門では負担する三綱の名が名乗られる。もともとは一〇双二〇騎だったが、一五世紀には、五双一〇騎となった。競馬の装束は、赤と緑の錦地金襴縁《きんらんべり》の裲襠《りょうとう》装束、細纓《さいえい》の冠である(**図50**)。赤・緑となるのは、舞楽の左舞(赤)・右舞(緑)の装束の色に対応している。お旅所に奉納される蘭陵王《らんりょうおう》(左舞)と納曽利《なそり》(右舞)の順番はこの競馬の勝敗によって決まる。

一七世紀前半には装束などを唐院で借用するほか、三綱家の間で装束の貸し借りも行われた。馬は賃料を払って調達したり、知り合いに頼んで借りたりすることもあった。乗尻《のりじり》(騎手)は高畠にいた競馬の長なる者が連れてきて、祭礼が終わると乗尻に下行米が渡された。

村井古道は、競馬は馬方の類が勤めているため装束・馬具が見苦しくなっていると、『南都年中行事』に記している。『春日大宮若宮御祭礼図』には寛文年中までで競馬は断絶したと記されながら、その後も競馬は一貫して松の下の行列に書き上げられているので奉仕は続いていたはずだが、その実態はよくわかっていない。

松の下という場所　南大門交名が終わると、祭礼の場は一の鳥居の東側、いわゆる松の下に移る。松の下には、自然の地形を利用しながら馬場の南北に岸が作られ、高いところから祭礼を見物することができる。お旅所が、柴垣・仮屋で囲われているのに対し、神前から離れた松の下は、開かれた場所である。だからこそ、その時々の権力者がその姿を世の人びとに示すことができた。お旅所のような舞楽はないが、逆に乗込馬や諸士行列は松の下に限られ、厳格な神事の場所であるお旅所神前より娯楽性のある松の下のほうが一般の見物客にとって親しみのある場所になった(図51、口絵③)。

松の下の松とは、図にもある「影向松《ようごうのまつ》」のことである。この松は能舞台の鏡板《かがみいた》の松の絵の源流だとしばしば説明される。しかし最近の研究では、能楽研究家の山崎楽堂《がくどう》や歌謡・演劇研究の高野辰之によって明治時代末から大正時代にかけて示された新しい説で、俗説の域を出るものではないとされている。

「松の下の図」は猿楽座による能の奉納の様子である。ここでもっとも時間をかけて本格的に芸能を披露するのが猿楽である。その点で、この図は松の下の象徴的な様子を描いているといえるだろう。影向松の左右には衆徒・寺僧が立ち並び、中央に頭屋児がふたり、その前に小姓がふたり仕えている。僧侶の西側に奈良奉行の桟敷、鳥居の西には諸士行列に加わる郡山《こおりやま》藩、津藩(藤堂藩の山城・大和の領地を管轄したのが伊

図49　馬長児(『春日若宮御祭礼絵巻』中巻)

図50　競馬(『春日祭礼興福行事』中巻)

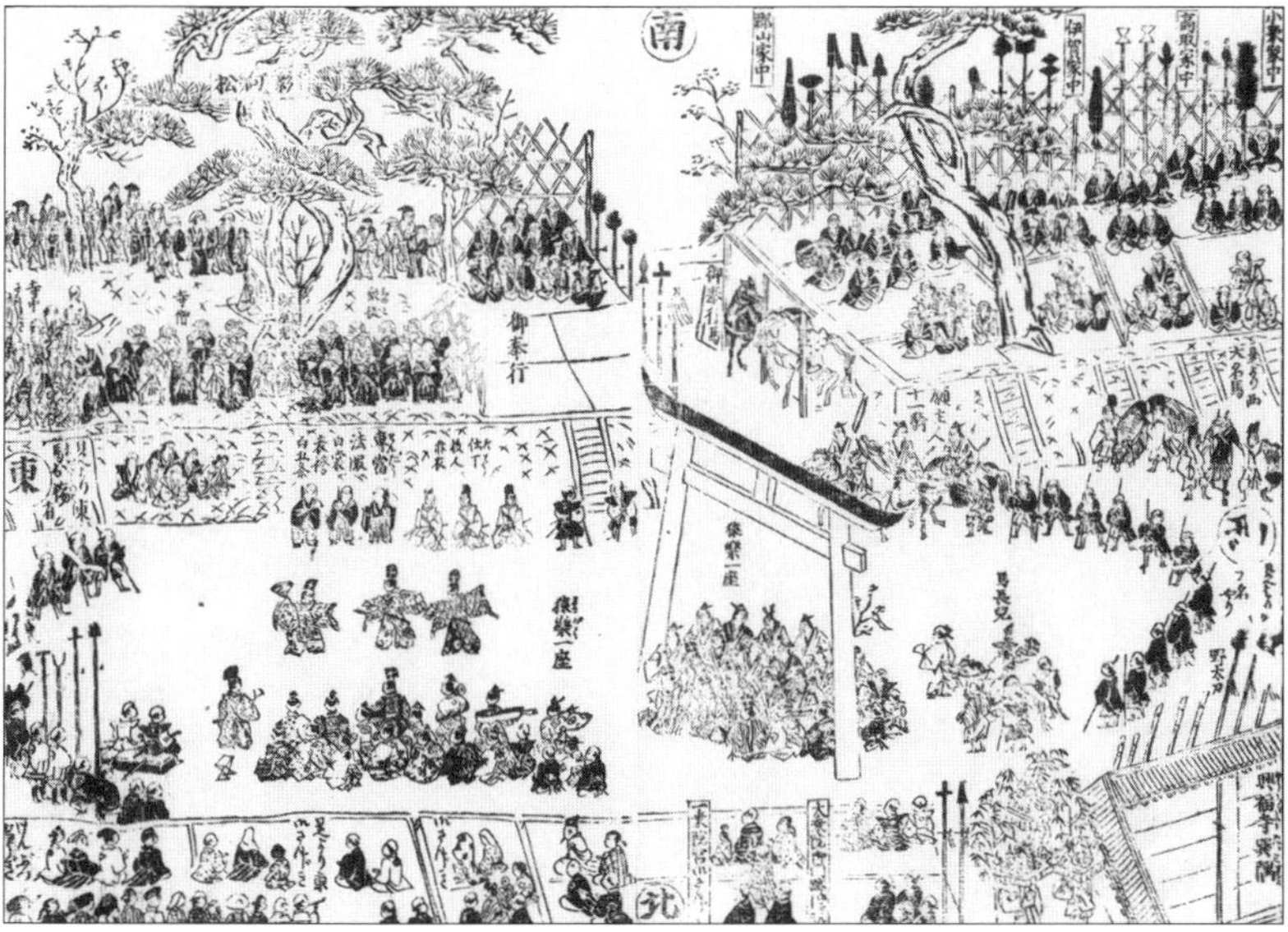

図51　松の下の図(『春日大宮若宮御祭礼図』)

賀城代配下の城和《じょうわ》奉行だったので、伊賀藩と表記されている）、高取藩、小泉藩の一行が控えている。奈良奉行の正面には与力が座って祭礼を監督する。もともと中坊時祐《ときすけ》のときまでは、奈良奉行の下に家老と杖突の家臣が立ち、与力は馬場の北側に立ち並んでいたが、元禄七年（一六九四）、奈良奉行神尾《かんお》元知のときに与力は岸の上に着座するようになった。そのそばには非人頭が控え、警固のために集められた大和国内の非人を統括した。

奉行の後ろの固めは、江戸時代初期には十津川郷士が奉仕していたが、土屋《つちや》利次《としつぐ》が奈良奉行になると奉仕しなくなった。時期は不明だが、それにかわってたばこ屋が警固するようになる（一四二ページコラム参照）。寛保二年、奉行の桟敷の後ろに幕が張られ、矢来《やらい》の背後に「御休所《おやすみどころ》」と雪隠《せっちん》が設置された。

この絵の描かれた享保期には、松の下の東に修理目代、一臈代《いちろうだい》、勧進所などの桟敷があった。松の下の北側には、大乗院、一乗院、さらにその東には御客桟敷があり、天皇や関白からの代参などは、これらの場所に陣取ったと思われる。さらに奈良奉行所の用人、与力、同心など、あるいは町代や惣年寄、学侶の桟敷があった。その後ろには、鞍掛けが一〇〇脚以上おかれ、東端は馬出橋《まだしのはし》の近くにおよんでいた。元禄六年（一六九三）に掛物を納めに来た宇陀郡の大庄屋の出納簿では、桟敷代はひとり銀九匁《もんめ》だった。

松の下の渡りでは、乗込馬や諸士行列などは、馬出橋の手前の山道で南に折れる。おそらくそのためだろう、天和三年（一六八三）には、興福寺寺中は渡りを馬出橋まで伸ばしてほしいと奈良奉行と興福寺の寺務（別当）に願い出ている。この件は実現しなかったが、少しでもいい桟敷を増やして客を招きたいという寺僧の思惑が透けてみえている。

見物客たち　松の下の桟敷・鞍掛けに集まる見物客は、皆がおとなしかったわけではない。ここでの不作法は、厳しく注意されるのが常だった。明暦三年(一六五七)には、当時の奈良奉行中坊時祐にたたかれた雑人が死亡するという事件が起こっている。このとき、所司代牧野親成《ちかしげ》や田原本《たわらもと》に陣屋があった旗本平野長勝《ながかつ》あるいは公家衆も見物していたから、奉行として力が入ったのかもしれない。そもそも桟敷・鞍掛けの様子を注意するのは衆徒の役回りだったが、実際には奈良奉行や与力の力に頼らざるを得なかった。

相手が雑人の取締りならともかく、大名となると話はやっかいである。慶長七年(一六〇二)、戦国の遺風が色濃く残っているころ、豊臣秀頼の内衆の福島兵部が、編笠《あみがさ》をかぶり、槍を表に立てて松の下に陣取った。衆徒は兵部の無礼を咎《とが》めたが、兵部はこれを無視したのでお渡りは大幅に遅れてしまった。兵部の知人だった宝蔵院胤栄《ほうぞういんいんえい》が説得してようやく槍を納め、神事は事なきを得た。いうまでもないことだが、宝蔵院胤栄とは、十文字槍を用いる宝蔵院槍術の創始者覚禅房《かくぜんぼう》胤栄その人である。

元和六年(一六二〇)、慶長五年以来初めて松の下に仮屋が作られた。このときの客は、阿茶局《あちゃのつぼね》(雲光《うんこう》院)である。徳川家康の側室ながら、この年後水尾天皇の中宮《ちゅうぐう》として入内《じゅだい》した徳川和子《まさこ》(東福門《とうふくもん》院)の守役だった。興福寺も最大限のもてなしをせざるを得なかったのだろう。

寛永一九年(一六四二)の祭礼当日、西之坂《にしのさか》町から火事が起こり、あっというまに興福寺にも火の手がおよんだ。見物に来ていた徳川家の剣術指南の柳生宗矩《やぎゅうむねのり》は、松の下から一乗院に駆け付けたが、すでに手の施しようがなく一乗院は焼失、このほか興福寺の諸坊や手向山八幡《たむけやまはちまん》の建物も失われた。宗矩は、将軍家へのとりなしを一乗院尊覚《そんかく》に約束したという。一乗院の復興が幕府の支援を受けて進んだ裏には、おん祭が取り持つ

図52　戸上と拍手(『春日若宮御祭礼絵巻』中巻)

縁があった。

猿楽の奉納　松の下の渡は未刻(午後一時)ころに奈良奉行が出仕して始まり、おおよそ二時間程度で終わる。

最初に祝御幣・梅白杖を持った赤衣の公人(戸上・拍手)が行く。松の下では、千早《ちはや》(襅《ちはや》)と呼ばれる白布を長く引いて進む(図52)。つぎに登場するのが、楽人の奉仕する十列、日使、陪従である。陪従は笛と篳篥の声出しをする。つづいて八島源宮に従う八島神子が進み、郷神子、奈良神子、拝殿八乙女、そして細男が渡る。細男は、南大門と同じように、笛と太鼓をごく簡単に奏する。このあたりまでは南大門交名と同じである。

さきに少しみたように、猿楽は、松の下の目玉の出し物である。寛文二年の定めにより、三座の内二座が交替で奉仕するようになったので(一一八ページ参照)、その組み合わせによって奉納の形が決まった。

金春座・金剛座のどちらかと宝生座が奉仕する場合、二村が別々に奉仕した。まず、金春座あるいは金剛座が大鳥居の下に横に並び、権守が地謡と掛け合いで「千歳《ちとせ》がかり」を謡う。終わると松の下へ移り、脇が開口をいい、大夫とツレが「弓矢の立合」を舞う。権守は舞が終わるまで立っている。一座の左端の立ち姿の人物がそれだろう。舞が終わると行列はお旅所に向かい、金春座の権守が埒明《らちあ》けを行う。これがのちにみる「埒明けの図」(図58)での様子である。金春座あるいは金剛座が終わると、宝生座は同じように「千歳が

図53　乗込馬(『春日大宮若宮御祭礼図』)

かり」「開口」と進み、「舟の立合」を舞うことになっていた。
金春座と金剛座が奉仕するときには、両座の立合となり、「弓矢の立合」は相舞になった。立合では、座次をめぐってしばしばトラブルが起きた。

乗込馬　猿楽が終わると、五人の馬長児が進み、さらに競馬、流鏑馬の的持ちと射手児、それに従う随兵と続く。

そのあとが乗込馬である(**図53**)。もともと中世の願主人の従者の「打込《うちこみ》」が原型で、豊臣秀長が自らの存在のアピールに使ったことは、さきに触れた(八一ページ参照)。村井古道は、乗込馬が馬借から雇った田舎や山中の雑馬に乗るのでその様子がことのほか怪しくなっていることや、下の渡り後の粗野な行儀振舞に憤慨している。川路聖謨《かわじとしあきら》もまた、先頭は社人のように烏《え》帽子《ぼし》、素襖《すおう》、刀差《かたなさし》だが、あとは百姓が奉仕し、烏帽子は傾いたまま、股引《ももひき》姿で農事用の馬が駆り出され、慣れない乗馬は見た目にとても危なっかしいと感想をもらしている。ふつうの祭礼なら問題にならないようなことでも、春日社のおん祭となると格式が重んじられハードルは高い。奉仕者をみる目はかなり厳

図54　将馬(『春日祭礼興福行事』中巻)

しかったのである。

将馬　つづいて将馬《いさせうま》が進む(図54)。延宝六年(一六七八)までの記録では、郡山藩本多家のみが奉仕していたが、延宝七年(一六七九)に本多家が転封されてからは、郡山藩(松平〈藤井〉家)、津藩、高取藩、小泉藩が出した。家紋をつけた鞍を馬に乗せ、警固の役人が従う。郡山藩と津藩は馬数が多く、郡山藩では藩主と家臣、津藩はもっぱら家臣が出した。将馬は神前には行かず、乗込馬と同じように馬出橋の手前の山道を南に抜けて退散した。

慶安五年(一六五二)の郡山藩本多家の馬がきれいで人目を引いているように、藩は将馬を華美に飾っていた。しかしその後、天和三年の倹約令や貞享二年(一六八五)の新規祭礼の禁止の影響を受けて、華美にならないよう改められた。

『春日若宮祭礼記』下には、郡山藩松平信之(延宝七年~貞享二年)の将馬の口取りが、紺の単《ひとえ》を着し、月代《さかやき》は糸鬢《いとびん》、頬髯《ほおひげ》で「大奴《おおやっこ》の体《てい》たらく」であったと記されている。その前に出版されていた『奈良名所八重桜』(延宝六年)にも奴の姿が描かれる。宝永六年に作成された『春日祭礼興福行事』では、将馬の馬引きは、烏帽子・素襖の者と中間の両様が描かれている。江戸時代前期には必ずしも装束が決まっていたわけではなく、奈良奉行大岡忠高によって元禄五年(一六九二)から烏帽子・白丁に統一された。

野太刀や長柄(槍)　野太刀、中太刀、長刀《なぎなた》、小太刀は、掛物と同様に請負が集めた人足が奉仕する。野太刀、中太刀は大人が鍔《つば》側を下にし、小太刀は子供が鞘《さや》側を下にして持つ。ただし、小太刀のうちふたりは、柳生藩が奉仕する大人である。

槍は郡山、高取、津、小泉、柳生、芝村、柳本などの諸藩と、有力旗本および幕領から出た。藩主に不幸があると奉仕は遠慮することになっていた。槍鞘《やりさや》は、家紋とともにそれぞれの家のシンボルであり、行列の目印でもある。本多家のあとに郡山に入った松平(藤井)家は鳥毛の槍鞘で槍印《やりじるし》は白毛、槍持ちは対《つい》で木綿、紺の単、紋所入りの羽織を着る。津藩は鳥毛の槍鞘に槍印は紙五枚、槍持ちは対の馬連草《ばれんそう》の羽織に銀色の張《はり》抜《ぬき》の笠、高取藩植村家の槍持ちは黒革の角頭巾《すみずきん》といった具合である(**図55**)。

幕領から出る槍(御蔵槍)はそろっていない時期もあったが、土屋利次が奈良奉行のときに、槍鞘を唐団扇《とううちわ》にそろえた。豊臣秀長が持たせた槍鞘が唐団扇だから、その様式を引き継いで調えたのだろう。また幕領では、百姓を槍持ちに動員するので装束はまちまちであった。もっとも古い絵巻と推定される『春日若宮祭典式古図』(**図56**)では、大名(時期的には本多家である)の槍持ちの装束がそろっているのに対して、唐団扇の槍持ちの装束はばらばらである。なかには子供も交じっている。まさにこのような様子をみた奈良奉行溝口《みぞぐち》信勝《のぶかつ》は、延宝元年から天和元年(一六八一)まで槍を一六〇本から一〇〇本に減らすかわりに、行列をきれいに調えることにした。その後槍数はもとに戻されたが、元禄一一年(一六九八)から宝永五(一七〇八)年まで再び槍を一〇〇本に減らし、浮いた費用で槍持ちの羽織が調えられた。行列の見栄えをよくするために、奈良奉行も腐心していたのである。

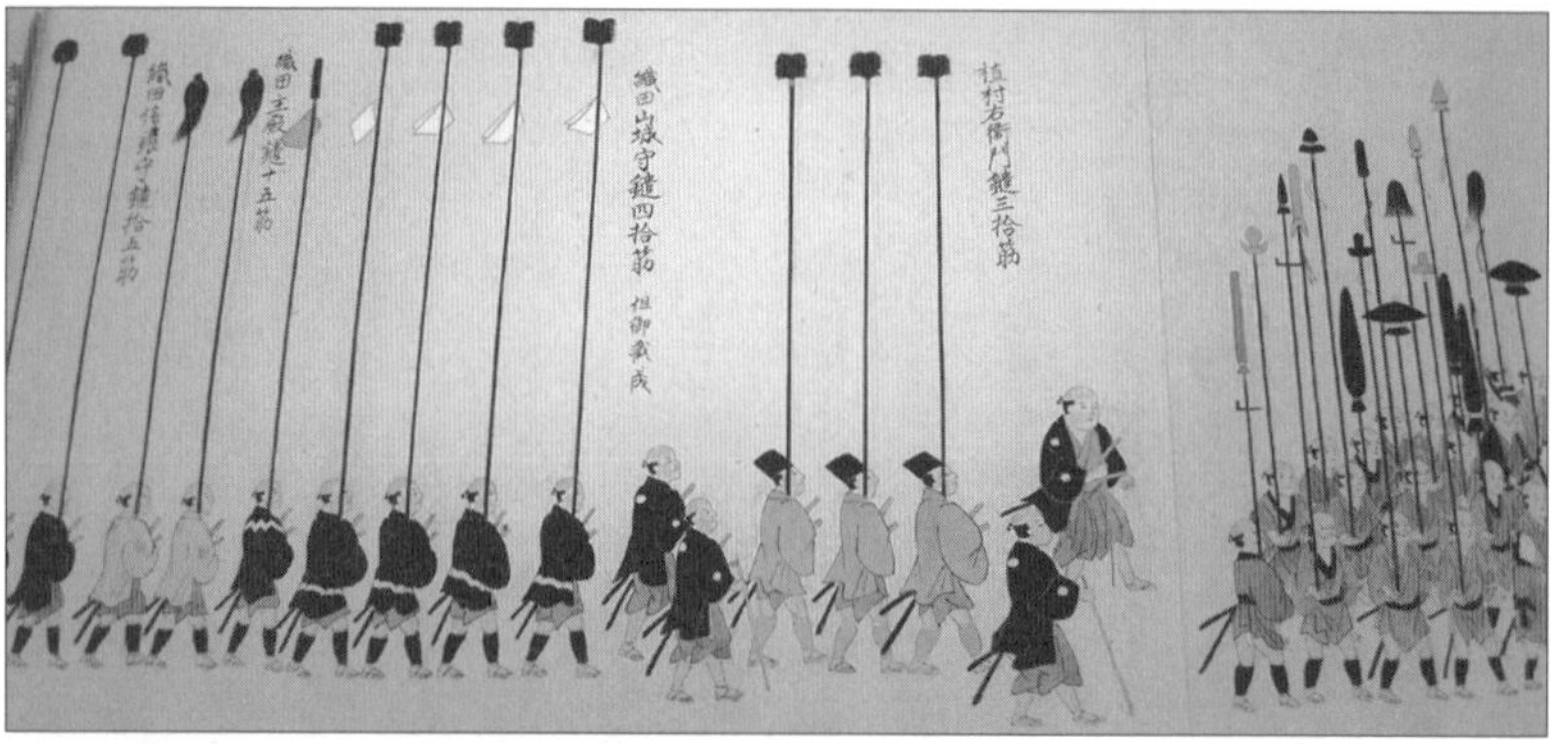

図55　槍持（藩）（『春日祭礼興福行事』中巻）

図56　槍持（『春日若宮祭典式古図』）

図57　諸士行列（『春日若宮御祭礼絵巻』中巻）

諸士行列　槍が渡るに際して、桟敷に座っていた郡山藩、ついで津(伊賀)藩、高取藩、小泉藩の一行が行列に加わる。諸士行列、いわゆる大名行列である(**図57**)。

郡山藩柳沢家の場合、一三〇本の長槍の持ち手、将馬の世話役や茶坊主・医師まで含めると、出仕者は総勢で六五〇人にもなった。祭礼当日、藩主在藩のときには、郡山城の追手門にあたる柳門から三の丸にあった五軒屋敷(家老屋敷)前の通りで藩主が行列を見物し、その後一行は奈良に向けて出発した。

小泉藩では、行列を率いる担当者は人馬奉行と呼ばれ、寺社奉行クラスが勤めた。当日早朝に小泉を出発し、奈良奉行所への挨拶をすませて、桟敷で待機する。郡山藩から諸士の渡りが始まると、紐で袴のすそを結びあげて準備し、奈良奉行の前を通るときにはめだたぬよう目礼するのが作法であった。

奈良入りしたのち、桟敷のある藩の重役はそこに座るが、槍持ちは興福寺の築地塀に沿って槍を塀に立てかけて控えていた(**図46**)。

渡りが終わると、槍は馬場の南側と北側のそれぞれに立ち並び、雑人を排除する。槍の後ろでは、人馬奉行が挟箱《はさみばこ》に腰掛けてしばらく控えていて、奈良奉行所への挨拶、流鏑馬の警固がすむと、神前には向かわずそのまま退散した。

松の下の儀の終わり　諸士行列ののち、田楽が芸を披露して、松の下の儀は終了する。衆徒の挨拶を待って、奈良奉行は桟敷を降りお旅所に向かう。松の下の行事の終了後ということもあって、ほとんどの祭礼絵巻には奈良奉行が移動する姿までは描かれていない。しかし実際に現場で見物した人には、奈良奉行がお渡りの最後を飾っているようにみえたことだろう。中坊時祐は、徒歩でお旅所まで歩いたというが、のちには駕籠《かご》に乗るようになった。川路聖謨の乗った駕籠も掛け声とともにお旅所近くまで進み、駕籠に乗ったまま参道脇に控えている諸藩の挨拶を受けた。藤堂、高取、小泉の各藩の場合、あらかじめ受け取っていた手札をもとに家臣が奉行に披露するだけだが、郡山藩の役人は奉行に直接挨拶した。

奉行はお旅所の御殿前までは進まず、中門の仮屋の前の参道で駕籠を降りる。東の仮屋の脇で手水《ちょうず》を使い、中門の仮屋の間の座で拝礼して退散した。松の下では主催者の位置にあった奈良奉行でも、お旅所の空間には入らず神前行事に関係しなかった。松の下より神前のほうが、古式は守られていたのである。

4 お旅所の神事と芸能

神前の様子　二七日の朝夕分として、御留守事《おるすごと》の神供が大宮四社へ供えられる。これは、興福寺から渡される御供料のうちから、野田の禰宜が調進した。この儀式は毎日の「日並御供《ひなみのごく》」をおん祭のときにも欠かさないためのものと考えられている。明治になってからは、祭礼当日の朝に神職が大宮・若宮へ参進して御供を供える本殿祭となっていたが、平成一九年(二〇〇七)に旧儀に近い形に改められ、若宮の御供はお旅所御殿に供えられるようになった。

お旅所では朝から神楽が奏されていたが、お渡り行列が進み、日使の御幣が馬出橋にかかるころに神楽を終える。梅白杖・祝御幣を持った仕丁、十列児、日使、陪従、巫女とお旅所に入り、それぞれの所作、作法を行う。やがて、猿楽座が近づくと、中門には縦三本、横二本の皮付きの松で作られた埒がおかれ、金春座の権守が小刀で結縄を切り開き、神前に進み神拝する。これが「埒明け」である。埒を切るのは金春座の権

図58　お旅所奉幣・埒明けの図（『春日大宮若宮御祭礼図』）

守に限られている。

ついで、神前に日使が進み、十列児と陪従は神前東側に立ち並ぶ。図58は、金春座による埒明けと日使による奉幣の様子を描いたものである。異時同図法が採られていて、実際には埒明けが終わってから日使が奉幣する。幣を渡すのは寺侍の役目だった。

御殿の西側の男柱《おとこばしら》の前に若宮神主の円座がおかれ、東の男柱の後ろには若宮禰宜が控えている。御殿の東は大中臣姓の社司・氏人、西側には中臣姓の社司・氏人が陣取り、神前には北郷・南郷の禰宜が立つ。東西の仮屋には楽人が座り、御殿の側からみて左手(東側)が左方、右手(西側)が右方になる。通常の舞楽の配置と逆にみえるのは、若宮の神への奉納なので、お旅所御殿側から左右を決めるからである。東の仮屋の北側には畳を二枚重ねにした日使の座が描かれている。細かなことだが、台のある左方の鞨鼓《かっこ》、台のない右方の三の鼓《つづみ》、鼉太鼓《だだいこ》の火焔《かえん》では左方の龍と右方の鳳凰《ほうおう》とが描き分けられている。藤村惇叙は、雅楽をよく了解していたのだと思う。
さて、神前では日使が奉幣し、若宮神主が祝詞をあげたのち、御供が供えられる。御殿の東西に社家と禰宜が並び、それぞれから御供が進められる。神前には御棚板をおき、その上に絵折敷《おしき》に載せられた染御供《そめごく》や大折敷が並べられた。一方このとき、西の中門の仮屋では、別会、権別会、三綱の饗膳がある。専当《せんとう》が酒飯のほか十数種の肴を配膳し、別会と権別会は南向き、三綱は北向きに食事を取る神人共食の儀礼である。興福寺の別会五師が神とともに食事を取っていることも、本来、興福寺がおん祭の主催者であることをよく示している。

朝座の芸能　献撰後、芸能の奉納が始まる。十列児四人は、それぞれ馬を引かせ神前を三度まわり(これを「御馬《おんま》の足」と呼んだ)、東遊を奉納する。ついで、馬長児は馬に乗ったまま神前を三度まわる。退出のとき、大童子が児の笠につけた五色の四手を取り、神前に投げる。

舞楽の最初は振鉾三節《えんぶさんせつ》である。鉾を持った左舞・右舞の舞人がそれぞれ舞ったのち、左右が同時に舞う合鉾の三節によって舞台を清める。つづいて、四人舞の万歳楽《まんざいらく》(左舞)、延喜楽《えんぎらく》(右舞)、賀殿《かてん》(左舞)、地久《ちきゅう》(右舞)が奉納され、細男が続く。

お旅所での猿楽の式三番奉納に大夫は関係せず、観世座を除く三座の年預衆だけで勤めることになっていた。田楽の奉納までを朝座といい、終わると別会五師、三綱、社家はいったん退出する。お旅所では、引き続き競馬の勝負舞の蘭陵王と納曽利が奉納されるが、お旅所には社家も衆徒も出仕していないので、「影の舞」と呼ばれた。

図59　流鏑馬の図（『春日大宮若宮御祭礼図』）

流鏑馬の図　蘭陵王がお旅所で舞われるころ、馬場では願主人によって流鏑馬が行われる（図59）。まず、馬場の西端に馬場《ばば》見《み》と随兵が立ち並んで、馬場筋に支障がないか見分する。ついで、当番の御師が地割（的の位置の決定）をする。地割用の弓を使って馬場の間数を測り、的を立てるのが御師の口伝《くでん》であるという（実際には場所はおおむね決まっていた）。的が立つと、馬場見が馬に乗り馬場を東まで乗り切り、馬場の南側を通って戻ってくる。図には、馬場見が戻ってきている場面と射手児が流鏑馬を行っている場面が、例によって同時に描かれている。仮屋の前の馬場の北側に衆徒、南側に六方や学侶が立ち並び、その西側には、御蔵槍と諸大名の槍が並んでいる（御蔵槍は宵宮詣のとき出されるという史料もある）。また、馬場の後ろに郡山、伊賀、高取藩の奉行が控えている。六方衆の右手には、奉行の槍が立てられ、その脇に座るのが奈良奉行所の与力たちである。町代もこの列に加わっていた。的のそばでは篝火をたき、槍の間には数多くの高張提灯《たかはりちょうちん》が並べられる。

流鏑馬は、まず揚児《あげのちご》のひとり（小揚児）が一の的で射る格好だけして矢を放たずそのまま乗り戻し、馬場本で御師が口伝の口取りの作法をする。具体的なことは現在ではわからなくなっている。ついで、射手児が馬場本で捨鞭《すてむち》の所作をし、馬場へ乗り出し、一、二、三の的をそれぞれ射、馬場本へ戻る。的はそのたびごとに立て直され、予定の数(年により三騎、五騎、七騎、五騎と順番にかわる)を終える。

近世前期には、やや違った作法が伝えられている。まず地割をして的の位置を定め、的に対になるように立砂をしたのち、これを踏み散らす。的に向かって東西南北天地の矢を放ち、年中の邪気を払う。そして射手の稚児は、獅子の姿、目はひとつ、角は牛、飛行自在で王法も滅ぼさんとする悪鬼である「思融雲鬼《しゆううんき》」を射払うのだという。このような作法や伝承が中世以来のものかどうかはわからないが、『長川流鏑馬日記』にもあるように、仏神事としての流鏑馬の性格が強く出ている。羽柴秀長が、自ら流鏑馬を奉仕せず、呼び返してその部分だけでも大和国人たちに奉仕させようとしたのは、おん祭の流鏑馬が単なる武芸ではなく神事としての性格を強く持っていたからである。

流鏑馬が終わると、奈良奉行所の出役は警固の役を解かれ、槍を奉仕していた各藩の一団も退散する。

夕座の芸能　蘭陵王と納曽利が終わると、流鏑馬を検知していた衆徒が仮屋の間の中門に立ち並ぶ。これを「中門遷《うつ》り」といい、翌日の後日能までは衆徒が検知役になった。

篝火がともされて、ここからはそれまでの朝座に対して夕座と呼ばれる。中門の仮屋には一乗院・大乗院も出仕し、社家も再出仕する。中門遷りの舞楽として散手《さんじゅ》(左舞)と貴徳《きとく》(右舞)が奉納される。

つづいて行われるのが相撲である。相撲は、南大門で交名をあげることも松の下を渡ることもない。なぜそうなっているのか理由はわからない。相撲の頭役は堂衆《どうしゅ》である。近世では東金堂《とうこんどう》を預かる愛染院《あいぜん》と西金堂を預かる正法院《しょうぼういん》が唐院から下行を受け、相撲を勤める者や褒美の布を準備した。『春日若宮祭礼記』下では、東金堂の所領だった古市にゆかりのある奈良の住人と、西金堂領だった鳥見谷《とみたに》の住人が計四人を出して奉仕したといい、『南都年中行事』によれば、相撲役者はふたりで、ひとりは源太熊取、他は鳥羽四郎家次と呼んだとされる。

支証《ししょう》と呼ばれる行司《ぎょうじ》役の四人は、楽の打物に従事する寺侍が勤めたが、幕末には、右方の楽人もこの役についた。支証は細纓老懸《さいえいおいかけ》の冠に褐衣《かちぎぬ》を着し、弓を持ち、矢を背負う。上座のふたりは立ち、下座のふたりは円座に座ることになっていた(図60、ただしこの図では下座も立姿である)。

髻《もとどり》に「瓢花《ひさごばな》」の「数指《かずさし》」をさした相撲取りは、西の鼉太鼓のそばで服を脱いで裸になり、太刀を肩に担いで舞台の左右から入場する。神前に太刀をおいて数指を神前に投げ、相撲を取りおわると専当から褒美の白布を肩にかけられる。これを十番繰り返す。幕末の国学者で天誅組《てんちゅうぐみ》の変(文久三年〈一八六三〉)に加わった伴林光平《ともばやしみつひら》がおん祭を見物したときの記述によれば、「齢二十ばかりの、色が白くて足の細い男が、榊葉を髻に結び付け、太刀を両手でささげながら、寒そうに走り出て、おもむろに神前に額づいて太刀をおいた。やがて向かい立ち、手と手を取り組んで、くるくると三度まわったのち引き退き、またそれを繰り返した」という。このような形式の相撲は、明治維新によって廃絶した。

相撲を勝負舞とする抜頭《ばとう》(左舞)と落蹲《らくそん》(右舞)が終わると神前の行事はすべて終わる。神主から衆徒に神事が無事に終わった旨挨拶があり、衆徒からも還幸するよう返事をする。篝火を消し、遷幸と同じように暗闇のなかで人垣に守られて若宮の神はもとのやしろに戻っていく。道楽は還城楽《げんじょうらく》である。本殿に戻ると八乙女が神楽を奏した。こうして若宮の神の長くて短い一日が終わる。

後日能 翌日は、後日能(後宴能)が行われる。祭礼後の慰労会である(図61)。図の右上隅に「頭屋休幕居《やすまこゐ》」と記されているように、頭屋は近くに休幕《やすまく》を設け一献をふるまった。

芝舞台では、役者が能を演じている。「弓をはづしつるぎは箱におさまり給へば」云々の謡の文句からみると、演目は「金札《きんさつ》」である。正面の中門には衆徒が立ち並び、その左右の仮屋には、頭屋児をふくめて寺僧衆が座る。西の仮屋は奈良奉行の桟敷、東の仮屋は一乗院・大乗院の桟敷となる。このほか、喜多院《きたのいん》や奉行所の与力・同心の桟敷、奈良町の惣年寄や町代の桟敷が設けられた。御殿の左側で槍を背に台座の上に座るのが与力である。雑踏にまぎれているが、中門の衆徒の後ろにも左右に与力の座があり、さらに道を隔てて奉行所の槍が並び、その前に与力が座って警固にあたっている。

前日と大きく異なるのは、周囲に鞍掛けが作られていることである。この模様替えのため、早朝、与力・同心と町代がお旅所に出仕し、芝割りや鞍掛けの設置を指示し、四つころ(午前一〇時ころ)には準備が整う。鞍掛けの背後では、たばこ屋が警固にあたった(一四二ページコラム参照)。

衆徒は鞍掛けのできるころにお旅所に出仕し、猿楽に参勤を命じる。御殿の裏側にあった御供所と巫女や細男の仮屋は猿楽の仮屋として利用された。能は雨天ならばもちろん、雨がやんでいても舞台が乾いていなければ中止されていた。しかし、二月に行われる薪能と違い一日しかない後日能が少しでも中止にならないようにとの奈良奉行中坊時祐の配慮によって、寛文三年(一六六三)から湿った舞台には木製の床を敷くよう

図60　相撲(『春日若宮御祭礼絵巻』 下巻)

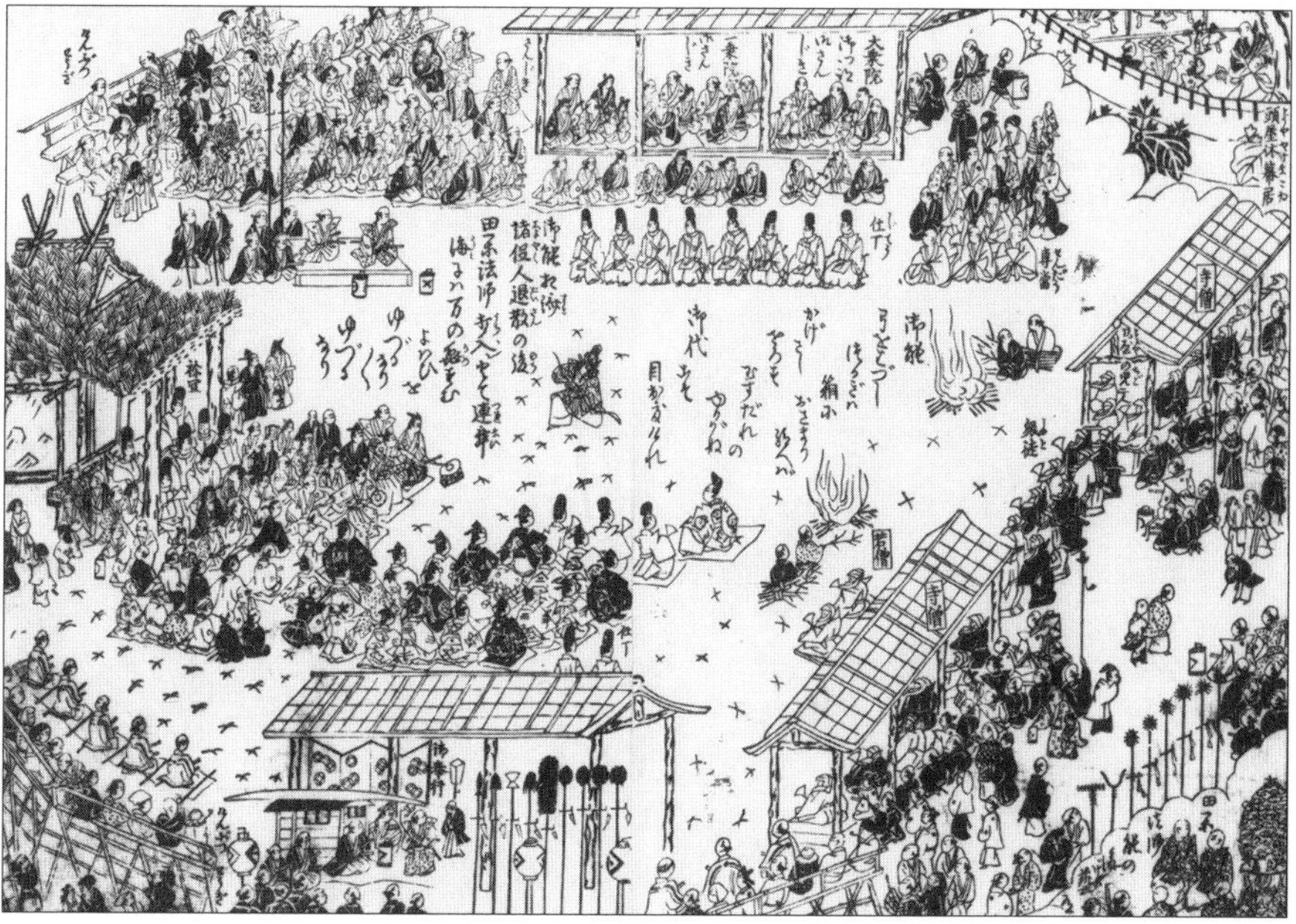

図61　後日能の図(『春日大宮若宮御祭礼図』)

になった。床は奉行所で用意された。

能の奉納は、申刻(午後二時ころ)ころから始まる。最初に、年預衆が式三番を勤め、続いて参勤当番の二座の大夫や一般座衆によって猿楽能(四番と祝言)、狂言が奉仕された。


田楽の衰退　能が終わると、田楽が中門口《ちゅうもんぐち》、刀玉《かたなだま》、高足《たかあし》およびもどき開口《かいこう》、立合舞を演じた。図61の右下には、出番を待つ田楽座の一行が描かれている。田楽は田楽能を六番勤めるのが本来の姿だったが、寛永年間(一六二四～四四)には田楽能は行われなくなっていた。慶安ころには詫び言ですますのがあたりまえになり、「衆徒にも田楽にも覚えている者はいない」という状態だった。

田楽は、室町時代に人気芸能の地位を猿楽にとってかわられ、近世になるといっそう衰退を余儀なくされた。一七世紀の初頭には、京都、泉州、紀州に田楽集団があったが、それぞれ実体を失い、本座・新座は株化していた。一八世紀末に奈良に住居を移したのは、おん祭が主要な活躍の場だったからである。

豆腐を串にさし味噌《みそ》をぬって焼いた料理を「田楽」と呼ぶのは、田楽の芸である高足に由来する。遅くとも一五世紀には、田楽豆腐と呼ばれ、一七世紀初めの『醒睡笑《せいすいしょう》』にも載せられている田楽を代表する芸である。慶安年間(一六四八～五二)には、高足に乗っていたらしきことを関白となった近衛尚嗣《ひさつぐ》が『大和道中記』で伝え、多くの絵巻や屏風には高足が描かれる。しかしながら、川路聖謨がみたときには、「元禄ごろの絵巻には書いてあるが、今はみなできないようで、下駄と竹馬のごときものは、おわりにかた足をかけるだけで真似事ばかり」になっていた。

祭礼前後の奈良　江戸時代の絵巻類には、数は少ないが茶店のほか露店、吹き矢や楊弓《ようきゅう》などが描かれてい

図62　茶店と小間物売（『春日若宮祭典式古図』）

図63　茶店と道具売（『春日祭礼興福行事』 下巻）

図65　大宿所の出店（『春日神幸図』 1）

図64　吹き矢と楊弓（『春日祭礼興福行事』 下巻）

る（図62〜65）。実際には大変多くの人と商人が集まっていて、その様子を村井古道は以下のように伝えている。

一二月二五日の夜には、家ごとに火を掲げて往来を助けた。もともとは、行燈《あんどん》をつったが、享保一〇年代には、町全体で立提灯《たてちょうちん》を出すようになった。これは二八日まで続いた。近年商売人が数多く店を構え、大鳥居の北には、歌舞伎、浄瑠璃などが立て続き、放下師《ほうかし》などが雲霞のように連なった。見物人が群集し、およそ二五日ごろから一二月上旬までにぎわった。南大門前、大鳥居あたりに店を構える商人や放下、芝居などは、それぞれ興福寺一臈代の免許を受けて店を出した。大鳥居あたりや南大門前では、一一月中は芝居も免許になるので、二八日、二九日もかわらずにぎわっている。

近世後期には、一二月五日まで興福寺寺内に店を出すことが許されていた。祭礼後も多くの人が集まっただろう。ところが、事情はわからないが、天保一一年（一八四〇）に寺内から店が締め出され、町方に店があふれ出るということもあった。

雑踏には盗人も現れるもので、明暦三年には、すでに、すりに注意するようにいわれている。これも今も昔も変わらないのかもしれない。

祭礼の変質　おん祭は、奈良奉行所の支えにより、見た目には大きな変化もなく、連綿と続けられていた。しかし、その背後では、変質を余儀なくされている部分もあった。娯楽としての地位が失われた田楽、おん祭がその家の成り立ちにとって大きな意味を持った願主人や細男は、ともに奈良奉行所、興福寺からの支援に依存せざるを得ないところがあった。しかし、江戸時代後期の奈良奉行所（幕府）、興福寺ともに財政は厳しく、下行の増加は望みようもなかった。

　願主人のように奉仕の家格を大切にして祭礼の格式を維持していた集団がある一方、家格に関係なく奉仕の門戸が開かれている場合があった。例えば、江戸に拠点をおいた猿楽は、おん祭や薪能のために大夫が奈良に来ることはなくなったが、かわって京坂の弟子筋が奉仕するようになっていた。諸士行列の槍持ちは請負となった商人が集めた人足が奉仕していたし、小泉藩の大名行列では百姓が駆り出されていた。江戸時代は身分制社会だが、大名・旗本による奉仕もまた、何がしか演じられるものだった。このように、おん祭への参加はどこかで人びとに開かれていたのである。

　なによりおん祭は、奈良の人びとにとって、経済的にも娯楽としても、なくてはならないものになっていた。奈良奉行や春日社・興福寺のためのものではなく、奈良の人びとの祭礼になっていたからこそ、おん祭は廃絶の危機もあった明治維新を乗り切ることができたのである。

コラム 警固のたばこ屋

おん祭では、警固のために大和国中の非人が動員されていたことはすでに明らかにされているが、たばこ屋が奈良奉行所の指揮の下で警固役についていたことはあまり知られていない。

とはいえ、たばこ屋がなぜこのような役目につくようになったのかはわかっていない。貞享四年(一六八七)の『奈良曝《さらし》』によれば、当時奈良には二〇〇人あまりのたばこ屋がいたが、このときすでに警固を勤めていたかどうかはわからない。元禄七年(一六九四)には刀差《かたなさし》で奉仕するように改められているから、たばこ屋の警固役は少なくともそれ以前からということになる。

たばこ屋には惣代がふたりおかれていた。元禄一一年(一六九八)には、たばこ屋惣代が浄瑠璃芝居《じょうるりしばい》の勧進《かんじん》権を認められているので、それなりの地位を与えられていただろう。近世後期の史料によれば、惣代ふたりは奈良で行われる大きな行事に出仕している。正月・五月・九月の東大寺二月堂観世音の縁日、二月と一一月の春日祭、二月の薪能や二月堂修二会《しゅにえ》、三月の般若寺文殊会《はんにゃじもんじゅえ》、四月誕生寺会式《たんじょうじえしき》、そしておん祭である。このほか春日社の上遷宮《じょうせんぐう》、老中の奈良入りのときや両門跡が執行する受戒会《じゅかいえ》・維摩会《ゆいまえ》があった。

おん祭では、惣代だけではなく仲間も駆り出されている。一一月二六日の田楽頭屋の装束賜《しょうぞくたばり》には惣代が出仕するだけだが、二七日には一五人が南大門に出仕して与力の先供《さきども》となった。松の下でも与力の先供となり、三二人が奈良奉行の桟敷の後ろや馬場、桟敷の近辺に控えた。後日能では、奉行所の数槍の南手や鞍掛けの背後にいた。

奈良でのイベントのあちこちで、必ず目にしていただろう彼らのような存在によっても、おん祭は支えられていたのである。

第六章 近代の祭り

1 明治維新

消えた奈良奉行所と興福寺　慶応三年(一八六七)一二月、王政復古の大号令によって、幕府のみならず摂政・関白までが廃止され、天皇を中心とする新政府が誕生した。翌慶応四年(一八六八)正月、旧幕府軍と新政府の薩長軍とが鳥羽《とば》・伏見《ふしみ》で衝突して戊辰《ぼしん》戦争が始まり、興福寺《こうふくじ》はいちはやく新政府に従う姿勢を示した。新政府は、幕末に禁裏《きんり》守護を勤めたことがある十津川郷士《とつかわごうし》に奈良の鎮撫を命じ、奈良奉行小俣景徳《おまたかげのり》を謹慎させ、かわって興福寺が一時的に奈良奉行所管内を支配することになった。

慶応四年三月、明治政府は神社の社僧に還俗《げんぞく》を命じ、神仏判然令を発布した。この新政府の方針に従い、一乗院・大乗院両門跡をはじめとして興福寺のすべての僧侶が還俗してしまった。元学侶《がくりょ》は新神司《しんしんし》と呼ばれ、学侶のうち士族出身者はのちに新社司《しんしゃし》となった。興福寺は無住となり、やがて廃寺の扱いを受けた。

明治維新によって、おん祭を支えていた奈良奉行所と興福寺がともにその姿を消してしまったのである。これ以後、春日《かすが》社がおん祭の運営を担うことになった。

明治元年のおん祭

大和士《やまとざむらい》(願主人《がんじゅにん》は江戸時代後期から大和士を自称し始めていた)は、慶応四年閏四月に大和国鎮撫総督府宛に願書を提出し、従来通りの地位を願い出、さらに新神司は五月に弁事役所に訴え、神祇官《じんぎかん》より例年通りおん祭を執行することを許された。これらにより、明治元年(慶応四年九月改元)のおん祭は、興福寺の元学侶や元衆中などが、役回りはそのままにして、僧侶から神官に姿を変えて執り行った。

全体の枠組みはさしあたり維持されたが、変化はつぎつぎと起こった。町代が行っていた御殿木《ごてんぼく》を集める人足の徴発や下行《げぎょう》米二〇〇石の管理は、大和士が行うようになった。掛物《かけもの》の数は従来の一〇分の一になり、残りは米で納められ、将馬《いさせうま》や槍数も減らされた。祭礼当日、奈良奉行の場所に座ってもいいはずの新政府の知府事は姿をみせず、郡山《こおりやま》藩から奈良府(旧幕領・旗本領などを管轄)に出仕していた役人が監督した。奈良奉行所の御蔵槍《おくらやり》は十津川郷士が奉仕した。十津川郷士がおん祭に関係するのは、近世前期以来のことであった。

祭儀にも変化が生まれた。家伝として倭舞《やまとまい》(和舞、**図66**)を伝えていた春日社社家の冨田光美《とみたみつよし》は、元治二年(一八六五)の春日祭で倭舞が復興したことを受けて(一四九ページコラム参照)、明治元年、おん祭にも倭舞を加えるよう申し出て許された。奉仕の順番は、猿楽《さるがく》と田楽《でんがく》の間とすることで落ち着いた(明治三年〈一八七〇〉には田楽のあとに行われている)。

王政復古によって摂政・関白が廃止されたので、関白の使いとされた日使《ひのつかい》を楽人《がくにん》が勤める根拠がなくなってしまった。そのうえ、物価騰貴で人馬の費用がかさむため、楽人は、下の渡り、松の下の渡りを免除してほしいと願い出た。しかし、当時の氏長者《うじのちょうじゃ》九条道孝《くじょうみちたか》が奥州へ出征中ということもあり、なかなか結論が出

図66　春日社神前での倭舞奉納（明治５年）

図67　埒明け（現在）

なかった。うやむやのまま楽人はお渡りに参加せず、日使、十列《とおつら》、陪従《べいじゅう》の諸役、神前での東遊《あずまあそび》は省略された。日使の御幣は水谷川《みやがわ》(元一乗院)・松園(元大乗院)両家の負担によって出されたが、仕丁《じちょう》、禰宜《ねぎ》から神主に渡されるだけで、奉幣《ほうべい》の作法のない奇妙なものだった。

猿楽年預衆の消滅　猿楽の金春《こんぱる》家は、鳥羽・伏見の戦いののちの政情不安により、大和国の所領で発行していた金春札(一種の旗本札)の引換で大きな損害を受けていた。祭礼奉仕料として幕府から下付されていた五〇〇石もなくなり、幕府の定めた奉仕のルールも意味を失った。挽回を期した金春広成《ひろしげ》は、明治元年、それまで重要な役割を担っていた年預《ねんよ》衆を退けて、祭礼の諸役を一手に奉仕するようになった。松の下では、金春一座だけで「弓矢の立合」を奉納し、大蔵千《おおくらせん》太郎《たろう》が新たに「松竹《まつたけ》の風流《ふりゅう》」を舞った。現在松の下で行われている「三《み》笠《かさ》風流」は、「松竹の風流」にならって、その後新作されたものである。権守《ごんのかみ》が行っていたお旅所での埒明けも広成が行った(**図67**)。祭礼当日、お旅所で行われる式三番《しきさんば》も年預衆を排し、それまでと異なる翁の舞などを広成など座衆が奉納して様子を一新させた。現在の「神楽式《かぐらしき》」は、明治一九年(一八八六)ころの創作である。

　田楽もまた、神仏分離政策により法師の名乗りを改めることになった。困ったのが、「仏法の声なかに和《やわら》かなり」（開口）とか、「龍女は如意の珠《じゅ》を釈尊に捧げ」（合浦《かっぽ》）など謡に出てくる仏語である。当初これらは声に出さないとか、言葉を変えるなどの工夫をしたものの、結局田楽能を取りやめざるを得ないことになった。

その他、遷幸《せんこう》が終わったのち、陰陽師《おんみょうじ》の幸徳井《こうとくい》氏が一の鳥居の西の参道で清祓《きよはらい》の式を行うようになったが、この作法は、ごく短期間で消えてしまった。神前に釣り篝《かがり》が設けられるようになったのも明治元年で、こちらは現在もその形式が続いている。

社寺領上知・神職免職・廃藩置県　明治三年閏一〇月、従来通りのおん祭は同年に限ると神祇官から通達され、この年はかろうじて執行できた。翌明治四年（一八七一）になると、社寺領上知（正月）、旧来の神職の免職（五月）、廃藩置県（七月）と激震が続いた。元興福寺僧のみならず、祭祀を担っていた社家・禰宜は全員が免職となり、ごく一部が神社に残っただけであった。しかも財政の基盤はなくなり、おん祭を支えていた大名は姿を消した。このときの変化は、明治元年以上に、祭礼の構造を根本から覆すものだった。その後の四条隆平《たかとし》県政によって、廃寺となった興福寺の境内地は公的機関に転用され、主要な堂塔を残して個別の坊舎はほぼすべて失われることになった。

明治四年、大宿所《おおしゅくしょ》の費用などに宛てられていた旧奈良奉行所の二〇〇〇石の下行米は半分の一〇〇〇石に削られた。経費を切り詰めるため、行事は大幅に縮小した。それぞれの手当料は当然半減され、奈良県役人への饗応は取りやめ、茶師・絵師・畳師は廃止、檜物《ひもの》師からは必要なものだけを適正な代金で買い上げることになった。意伝坊《いでんぼう》（一一三ページ参照）はこのとき廃絶し、森川杜園《とえん》（一〇六ページ参照）は大宿所絵師を免じられた。篝火や蠟燭《ろうそく》の費用がかかるからと、薪能《たきぎのう》は日のあるうちに終わった。

明治五年(一八七二)、さらに厳しい対応が続いた。下行米は五〇石となり、しかも、民間からの寄付を受けることも認められなかった。奉仕者が負担を肩代わりしたり、作事にかかわる者が自らの手間賃などを寄進したりすることでかろうじてしのいだ。政府の指示により、「有名無実」の行事は廃止され、お渡りに巫《み》女《こ》が参加しなかったり、相撲《すもう》が省略されたりした。大宿所から拝殿へ届けられる掛物のなかに、少なくとも江戸時代の送状では確認できない狸《たぬき》が含まれていたり、お旅所神前に鳥居が作られたりしていた(鳥居は明治九年〈一八七六〉に廃止)。長く続けられた儀式が廃止されたうえに、残った作法も少しずつ変化し続けていた。同年末の改暦により、年の瀬が差し迫っていることから後日能(後宴能)は中止された。

コラム　楽人と舞楽

楽所《がくそ》《がくしょ》や楽人《がくにん》の歴史は一〇世紀にさかのぼり、現在の宮内庁式部職楽部につながる(図68)。

江戸時代の楽人は京都・南都《なんと》・天王寺の三方に分かれていたので「三方《さんぽう》楽所」と呼ばれた。南都では、狛《こま》姓の上《うえ》・辻・芝・奥・東《ひがし》・窪・久保の左方の各家があり、左舞あるいは笛・篳篥《ひちりき》・笙《しょう》といった管のいずれかを家芸とした。右方楽人には右舞あるいは管を担う大神《おおが》姓の中・喜多《きた》・西京《にしのきょう》・井上・乾《いぬい》・新《しん》の各家があり、その身分は左方より一段低かった。玉手《たまて》家(藤井・後藤を称した)は打物の役となり、地位は右方よりもさらに低く、寺侍と呼ばれて楽人の使いになった。

図68　南都楽所による奏楽（現在）

楽人が奉仕するおん祭の役のなかでもっとも重要なのが日使《ひのつかい》である（一九〜二三ページ参照）。江戸時代後期、この役は左方の楽人の子供が六歳くらいまでに奉仕するのが慣例で（右方の奉仕例は少ない）、生まれてすぐに役があたることもあった。もちろん幼子では奉仕できないので、実際は親や縁戚の楽人が代わった。日使の役にあたると、一一月二四日に氷室《ひむろ》社の御文庫の用具を借用し、二五日に自宅に御幣《ごへい》を立て、二六日には湯立を行って遷幸《せんこう》に備えた。

陪従《べいじゅう》は、南大門、松の下で笛と篳篥を短く音出《こわだ》しをし、東遊《あずまあそび》のときには奏楽するので、それぞれの管を得意とする楽人が奉仕する。お渡りには加わらないが、東遊の歌方を京の多《おおの》家（一八世紀後半には多久長《ひさなが》の系統）が勤めた。東遊の舞方は右方の楽人が担当した。一八世紀中頃、右方の人数が少なくなり、子供がそろわなければ成人が奉仕した。東遊に限らず、右方の舞手が不足したときには左方が補った。この際、出勤する左方の楽人に右方の楽人が伝授し裁許状を渡している。

享保期の記録では、競馬に鼓役《つづみやく》が奉仕することになっていた。蘭陵王《らんりょうおう》と納曽利《なそり》が競馬の勝負舞だったことと関係していると思われるが、宝暦ころにはその役目は記録から消えている。

舞楽面や装束・楽器類は氷室神社あるいは興福寺唐院に保管されていたが、明治七年（一八七四）に春日社に移管された。舞楽面には治承四年（一一八〇）の南都焼き討ち後に復興されたもの、寛文九年（一六六九）に後水尾《ごみずのお》法皇、明《めい》正《しょう》上皇、後西《ごさい》上皇、霊元《れいげん》天皇が奉納した面などが残る。舞楽装束は、寛永一八年（一六四一）に宮中より長持《ながもち》三棹が寄進されたほか、元禄一一年（一六九八）に近衛基熙《このえもとひろ》・家熙《いえひろ》から辛櫃《からびつ》二合、享保一三年（一七二八）にも興福寺一乗院から寄進されている。
倭舞《やまとまい》がおん祭で奉納されるようになったのは明治元年（一八六八）からである。もともと、倭舞は春日社家の冨田《とみた》家に伝承されていた。倭舞が注目されるようになったのは、延享五年（寛延元・一七四八）一一月、桃園《ももぞの》天皇の大嘗《だいじょう》祭《さい》で倭舞が復興されたときである。大嘗祭が行われることが同年四月に決まり、五月に摂政一条道香《みちか》は先例を調べ始めている。六月三日に冨田延晴《のぶはる》から道香に倭舞の歌が提出されたが、一条兼香《かねか》・道香父子の神道のブレーンだった臼《うす》井《い》雅胤《まさたね》は歌が違うと進言し、のちに雅胤が道香の前で倭舞を舞ったうえで多忠充《ただみつ》に伝授している。冨田家の相伝していた倭舞がどこまで大嘗祭に反映されたのかについては、検討の余地がある。

幕末になり、文久三年（一八六三）八月、孝明《こうめい》天皇は神武陵《じんむりょう》と春日社へ参詣すること（大和《やまと》行幸《ぎょうこう》）にしたが、八月一八日の政変によって中止を余儀なくされた。かわって元治二年（一八六五）に春日祭の旧儀が復興され、倭舞も行われることになった。冨田光美《みつよし》は、すでに文久三年末ころから倭舞の復興のために動き始めており、元治元年（一八六四）一二月には同志を募って祇園《ぎおん》社や手向山《たむけやま》八幡《はちまん》、興福院《こんぶいん》で倭舞を奉納した。そのなかには、天誅組《てんちゅうぐみ》の変（文久三年〈一八六三〉）に加わって処罰された伴林《ともばやし》光平《みつひら》の門弟もいた。冨田光美は春日祭の復興を知ると、奉納の実績をもとに朝廷に倭舞の復興を願い出、実現にこぎつけた。これに伴い、元治二年のおん祭では陪従の装束《しょうぞく》が衣冠《いかん》から束帯《そくたい》に改められ、従者の装束も武家風の素襖《すおう》から雑色《ぞうしき》の装束に改めるという変化も生まれた。

明治時代になると還俗《げんぞく》した興福寺の元衆徒も倭舞を習うようになり、明治二年（一八六九）のおん祭では、新神司の神道教授のために奈良に来ていた国学者の古川躬行《みゆき》（元白川家学頭、のち枚岡《ひらおか》神社大宮司などを歴任）も、倭舞の奉仕者に加わっている。明治三年一一月、太政官雅楽局の創設によって南都の楽人組織は解体し、舞楽はおもに神職に担われるようになる（一五一ページ参照）。

2　民衆の祭礼

民費募集の開始　明治六年（一八七三）一二月、政府との度重なる交渉の結果、広く有志からの寄付を募ることが許された。創始以来の長い歴史をふりかえってみると、中世の興福寺、江戸時代の奈良奉行所と、おん祭は地域の支配者の力に支えられてきた。しかしこのときからは、その基盤を大きく変え、民衆の力を頼むことになったのである。

明治七年（一八七四）には、民費募集の活動が本格的になる。奈良県から寄付集めを許可され、神札《しんさつ》、洗米《せんまい》、寄付簿を持った神職は、手分けして各会議所（奈良県内の当時の地方組織）をまわった。同年九月、奈良町の三〇人が世話掛として招集された。民費を集めることは認められていなかった明治六年に祭典費を寄付していた旧神領（旧春日社・興福寺領）の代表三名も、ここに含まれた。世話掛は行事の一部を分担して請け負うことになった。

変わる行事　このころ、行事はさらに変化している。明治六年のおん祭は、改暦に伴い、一二月一七日に行われたが、その後に提出された祭礼次第では、下の渡り・松の下の渡りに倭舞と相撲が加わっている。相撲が行列に加わるのはこのころが初めてで、お渡り行列の絵をみると、どこにでもいる興行的な相撲取りの姿に変わっている（**図69**）。お旅所行事では、細男《せいのお》のあとに相撲十番が奉納され、続く猿楽、田楽までが朝座となり、夕座は、倭舞、蘭陵王《らんりょうおう》、納曽利《なそり》、流鏑馬《やぶさめ》、散手《さんじゅ》、貴徳《きとく》、抜頭《ばとう》、落蹲《らくそん》となった。

明治七年、おん祭は再び一一月二七日に戻された。一の鳥居の前に、「大ガス灯」（石油ランプ）を作り、

図69　相撲（『春日若宮御祭礼松の下渡り』）　この部分はもとの絵が差し替えられている。

図70　大宿所祭（現在）

お旅所前に供物をおく棚を作ること、寄進した人に神札や供物を下付することなどが相談された。大宿所では、同所を壮麗に飾ることや午後五時から神楽をあげること、供《そな》えた餅を参詣者に配ることも決めている。湯立がなくなり、かわって巫女による神楽が奉納される大宿所祭となった（図70）。同年のお旅所行事は、馬場で競馬が行われたあとに、神饌《しんせん》が始まった。神楽の奉納のあと、相撲、舞楽（振鉾三節《えんぶさんせつ》・万歳楽《まんざいらく》・延喜楽《えんぎらく》・賀殿《かてん》・地久《ちきゅう》）が続き、細男、猿楽、田楽、倭舞、残りの舞楽となった。行事の順番は毎年のように変わっていた。

南都の楽人のなかには、楽部に召されて東京・京都へと居を移した者もいるうえ、経費が削られて人数をそろえることが難しくなっていた。明治九年には、旧楽人の数が減り、元社家・禰宜や元興福寺下級役人が奉仕に加わっている。やがて神職が中心となり、京都八坂《やさか》神社の応援を得て舞楽・雅楽が奉仕されるようになる。

明治九年、大宿所の掛物は数匹に減って寂しくなっていた。大宿所の神前正面の左右には真榊《まさかき》が立てられ、五色の絹がかけられた。つぎの間に随《ずい》兵《ひょう》の甲冑《かっちゅう》、弓矢、野太刀《のだち》、小《こ》太刀、長刀《なぎなた》、献菓子《けんがし》、大折《おおおり》が飾られた。参詣者に神前に供えたつるし柿や柑子《こうじ》（みかん）を配って、午後一一時まで多くの人びとでにぎわっていたという。

講社の結成　明治九年の祭典支出の見積は八四五円。一方、そのための資金として一〇〇〇円の募金を目標としながら、実際に見通しがついているのはその半分にすぎなかった。主要な収入源は、神職が自腹を切って寄付した一〇〇円と、奈良町の区戸長などの役職者からの寄付が大部分を占めていた。三五円と金額は少ないが、樽井《たるい》町・今御門《いまみかど》町・手貝《てがい》町の旅籠《はたご》屋仲間、興福寺南大門近辺の出店の商人、元林院《がんりいん》町と木辻《きつじ》町の妓楼《ぎろう》が寄付している。おん祭が観光や遊興を生業とする人びとにとって大きな意味を持っていたことがわかるだろう。

祭礼や春日講社(おん祭のための信者組織、以下講社ともいう)に大きな動きが出るのは、明治一一年(一八七八)である。その前年の一二月、政府が神宮・官国幣社《かんこくへいしゃ》の神官を廃して祭主以下の職員の官等・月俸を定めたことに伴い、元興福寺一乗院門跡《もんぜき》水谷川忠起《ただおき》や元学侶の朝倉景隆は罷免され、新たに元土佐藩士の本《もと》山茂任《やましげとう》が宮司となった。奈良の伝統と無縁の宮司が就任したことも、新たに資金集めの講社が設立されていった要因にあげてよいかもしれない(水谷川は明治一二年〈一八七九〉一月に再任される)。

明治一一年九月、講社の改正が図られ、奈良町と旧神領に新たに世話係を任命し、それぞれ第一講社、第二講社となった。第二講社では、取締として美濃庄村(大和郡山市美濃庄町)往西《おうにし》重三郎、下三橋《しもみつはし》村(大和郡山市下三橋町)今西清与文《きよふみ》、出納役に発志院《はっしいん》村(大和郡山市発志院町)越智《おち》太平、横田村(大和郡山市横田町)奥本耕平、柏木《かしわぎ》村(奈良市柏木町)大倉直市郎が選ばれた。第二講社は、のちに近世以来の願主人(大和士)にかわって流鏑馬を奉仕するようになる。

第一講社では、明治一二年二月に取締役の間で選挙を行い、頭取《とうどり》に平松甚平、副頭取に梅田春保《うめだはるやす》、片岸清三郎、金預役瀬川吉平、中村堯円《ぎょうえん》、宮武佐十郎が選ばれた。平松は奈良公園の整備にかかわって設立された興立舎《こうりつしゃ》の総代で設立の中心人物、梅田は春日社の元禰宜でのちに市会議長となった。片岸も興立舎の総代で第一小区副戸長、瀬川は蚊帳《かや》業を営み第一小区の出納役を勤めた。中村は興福寺元承仕、同寺信徒総代で、その子が貴族院議員でもあった雅真《がしん》である。製墨の春松園《しゅんしょうえん》主の宮武は、能役者として自らおん祭の舞台に立った。いずれも奈良の名士といってよい。

第三講社は、郡山の者が取締になり、銀行の関係者もいたが、その活動は振るわなかった。第四講社は、大和の東部山間地域(東山中《ひがしさんちゅう》)が中心であった。旧春日社領の大柳生《おおやぎゅう》村は他の旧神領とは離れていた関係で、第四講社に所属した。

第五講社は奈良のほか大阪や京都府相楽《そうらく》郡などの有志が集まり、競馬を奉仕した。これには少しいきさつがある。競馬は明治七年、世話掛の肝いりによって五双のところを一〇双出し、近世よりむしろ盛大になっていた。明治九年には、春日祭とおん祭の両方で競馬を奉納しようという講社が設立されている。奈良町からは、元林院町絹谷幸次《きぬたにこうじ》と東寺林《ひがしてらばやし》町田原作平、あるいは鳥山昆慶(人物像不明)が世話掛となった。同年一一月二日、経費節減のためいったんは競馬の頭数を一〇双から五双に減らすことにしたが、その二日後、この件は再検討され、「衆庶の人気にかなう」という理由で一〇双に戻された。さらに一一月二五日、奈良町に寄留していた近木正保《ちかきまさやす》(人物像不明)らが馬術奉納を申し出た。そのときは却下されたが、祭礼当日、再び願い出て、祭典の行事ではないので祭式の前に行うことを条件に、七双の略式競馬が行われた。式外とはいえ、勝者に授ける御幣や勝負役の御幣が神社から下げ渡された。このように競馬をさかんにしたいという思いでできたのが、第五講社である。お旅所の勝負榊《しょうぶさかき》は、明治一三年（一八八〇）に水谷川忠起の寄進によって建てられた。

旧儀に従って行事を整えようとする神社側と、そこから多少逸脱しても興味のおもむくまま行事を娯楽化したい町民の間でせめぎあいがあった。明治末年にいたっても競馬には人気があり、祭礼当日と後日能の日の二日間にわたって行われることになる（一六八ページ参照）。

このようにして、各講社の設立準備が進んだ。明治一二年五月、堺県からの許可を受けて、春日講社は正式に発足した。

奉仕の型ができる　明治一一年のおん祭は、再び一二月一七日になった。新暦の一一月二七日では、農事に忙しく村も町方も不都合だったからである。この年の陰暦一一月二七日をそのまま新暦に切り替えるだけなら一二月二〇日なるはずだが、二〇日は採用されなかった。おそらく、おん祭の始まりの日が九月一七日であり、明治六年に一二月一七日の例があること、さらに長い歴史のなかでも一七日に行われた例が多かったことも、判断の材料になったのだろう。おん祭は、農事もひと段落つき、正月の準備も兼ねた娯楽の場として定着していくことになる。

この年の下の渡りの行程は、従来とずいぶんと異なっている。興福寺境内にあった師範学校から馬道（五十二段の東側の坂道）を下って鶴福院《つるふくいん》町、鵲《かささぎ》町、薬師堂《やくしどう》町へと南に向かい、築地之内《ついじのうち》町で西に折れ、花園《はなぞの》町、木辻《きつじ》町、そこから鳴川《なるかわ》町、高御門《たかみかど》町、餅飯殿《もちいどの》町、橋本《はしもと》町、樽井《たるい》町と進んだ。興福寺の築地をめぐるのではな

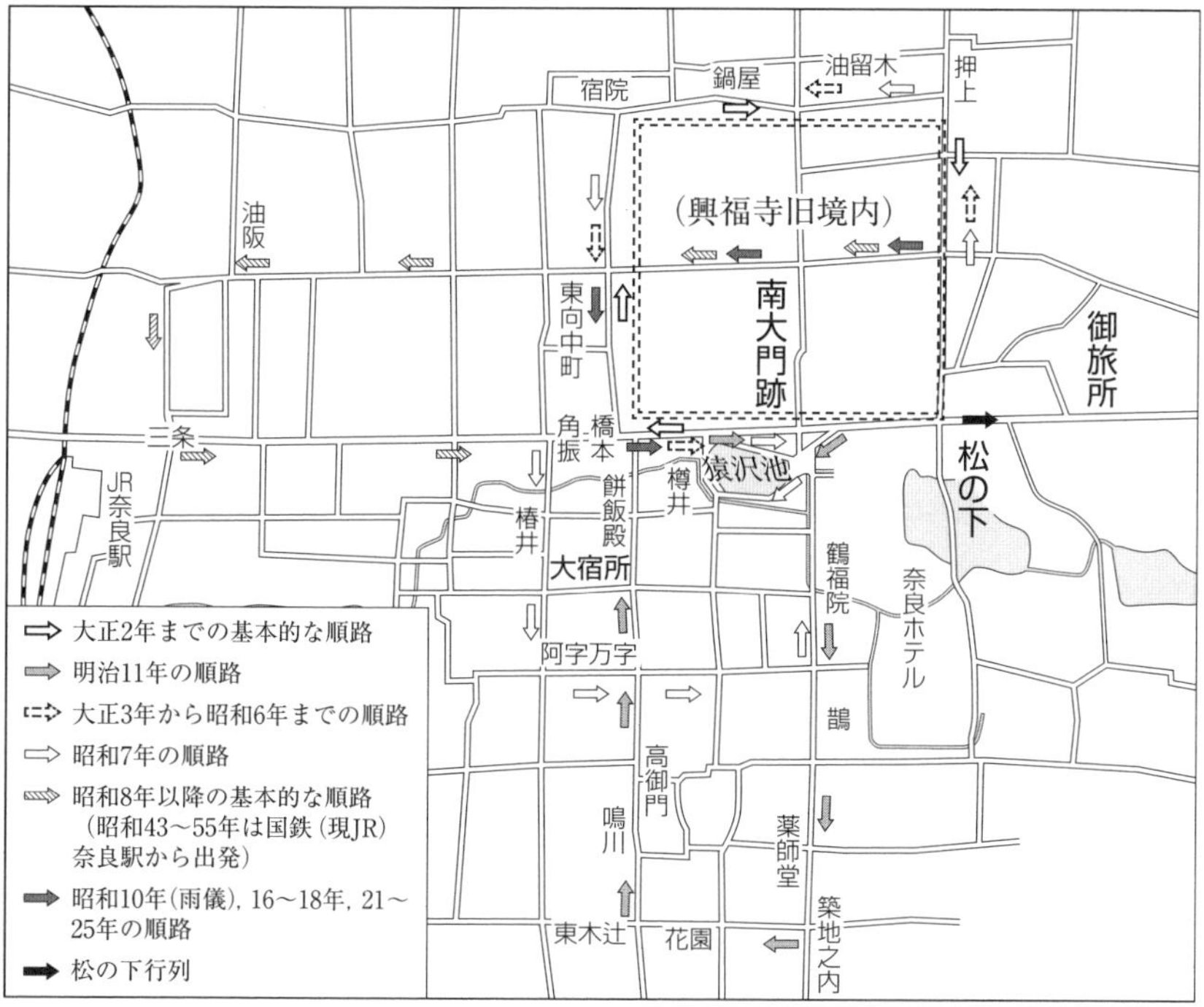

図71　お渡りの行程図　明治43年奈良市街全図を参照して作成。道・川・池など簡略化した。

く、旅籠や遊郭のある繁華街の近くへと向かったことになる(図71)。このような順路が確認できるのはこの年だけだが、競馬と同じように、町民の要求に応じて祭礼日もお渡りの行列も出し物も変更が加えられたのである。

講社が整ったことで、お渡りの行列にも講社員が参加することになった。明治一三年の行列では、白杖・御幣のあとに、新たに第一講から第五講社の旗と青・黄・赤・白・紫の五色の大幣《おおぬさ》が従った。諸士行列は小規模になったが、「奴振《やっこぶ》り」として行列に加わっている。

明治一〇年代には、現在に続くような準備の形態が固まってきた。明治初年から、社頭周辺の作事に登大路町の尾田利吉《おだりきち》がかかわっているが、現在でも株式会社尾田組はお旅所御殿の建設から周辺の整備まで祭礼準備に欠かせない存在である。明治二〇年(一八八七)の諸士行列を調えたのが田村善七、相撲の世話をしたのは奈良の相撲の頭取の桜山伊六《さくらやまいろく》だった。明治四三年(一九一〇)の諸士行列は元林院町田村善五郎、相撲は東木辻町桜山義一がかかわり、両人はこの年に改められた奉讃会の委員となった。元林院田村善五郎は諸士行列の道具を持っていて、行列を奉仕していた名所案内人に貸し出していたという。

明治時代初期の縄棟《なわむね》の材木は大工に請け負われていたが、明治二〇年には材木奉納者として片岡善太郎の名がみえる。明治末年には、大柳生の縄棟座と呼ばれ、片岡家が縄棟祭を奉仕して現在にいたっている。掛物は、明治一〇年代には神社で用意するようになったが、明治二〇年から奉納を公募するようになった。

春日保存会と安寧会　明治一三年から始まった保存金制度により、明治一六年(一八八三)、興福寺(明治一四年〈一八八一〉再興認可)に保存金が下付された。春日社でも、明治一七年(一八八四)一〇月に春日保存会設立願を提出した。保存金でまかなおうという修繕費・祭典費は一万五〇〇〇円あまりで、一一月に保存資金として八〇〇円が下付された。保存会会長には、明治天皇の侍従長徳大寺実則《さねつね》が就任した。東京・奈良(春日社)にそれぞれ事務所をおくことになり、東京では内務官僚で元社寺局長の桜井能監《よしたか》が幹事になった。保存会は春日祭の復興に力を注ぎ、余剰があった場合におん祭費を支出すると定めていて、この規程をもとに保存会からおん祭に補助金が支出されるようになった。

明治二〇年になると、興福寺や春日社の関係者、講社世話掛となっていた町内の有力者により、五年間と期限を切って「安寧会《あんねいかい》」が組織され、ここから七七円あまりが寄付された。このほかに、「藤丸《ふじまる》組」という講も組織されていた。

このように、講社や保存会・安寧会などが組織され、一定の資金を確保することができるようになった。

それでも、明治二〇年の祭典支出は四二〇円、収入が三八四円であり、支出に見合う収入を得ることは、まだまだ難しかった。

大阪の講社設立　明治二五年(一八九二)、支出約三九〇円に対して、収入が二八五円しか見込まれず、しかも安寧会も約束の期間が終わり、運営費の先行きが危ぶまれた。そこで神社では、春日保存会へ寄付金一〇〇円を願い出るとともに、新たに収入を確保する努力を始めた。

おりしも、明治二五年二月、大阪鉄道の奈良・湊町間が全通した。大阪との結び付きが強まるなか、伝手《つて》を頼み、同年五月、大阪のモスリン商で熱心な黒住教徒であった岡島千代造《ちよぞう》を「大阪第一春日保存講頭取」に委嘱した。

頭取となった岡島は加入者七〇〇余人を集め、一一月、「春日保存会大阪第一番真鏡《まかがみ》組」を結成、春日保存会に対して一五年の間に五百円の寄付金を申し出た。同月には一〇〇人を超える講社員が春日社に参拝した。このほか、銅山経営・住友トク、伊丹《いたみ》の酒造業・小西新右衛門も、この年に春日保存会に寄付をしている。

明治二九年(一八九六)、京都・奈良間、明治三二年(一八九九)には、奈良・桜井間の鉄道が開通する。交通の便がよくなり、奈良近在だけではなく、鉄道を利用した参拝者・見物客も増えてきた。明治三〇年(一八九七)四月、神社はおん祭の祭典日を一一月七日に変更する願い出を奈良県に提出した。一二月末は農家に都合はよいが、今後、農家ばかりが参詣するわけではない、つまり言外に大阪など都市部からの集客を期して、一一月七日に改めるというものだった。おそらく秋の観光シーズンにあわせたのだろう。祭礼日の変更は、同月中に許可された。大阪からの参詣客を動員するために、おん祭を宣伝する広告の一枚刷りが、大阪市内の湯屋・理髪店に配られた。大阪の真鏡組は馬長児《ばちょうのちご》をふたり出し、数人の組員が遷還幸《せんかんこう》に供奉することになった。

一方、奈良町役場では、おん祭の成功が奈良町の発展に不可欠だと考え、祭礼費の寄付を呼びかけた。おん祭を盛大にするために、おん祭の三日間は家ごとに提灯を出して献灯すること、大字《だいじ》ごとに総代ひとりが祭礼当日のお渡りに参加すること、その際羽織袴ないし麻上下を着用することを指示した。神社は小榊を持って遷還幸に供奉するように呼びかけた。

この年には、郡山旧藩士の奈良入行列と巫女の乗馬が再興され、花傘が新調された。花傘は、奈良鉄道・大阪鉄道・南和鉄道が負担した。天気もよく、多くの人びとが群参したという。後日能の前には、臨時の競馬も行われた。

3　奈良の市祭

奈良市祭となる　大阪の人びとを奈良に引き寄せようというもくろみは成功したかのようにみえたが、県内の人にはいたって不評であった。明治三一年(一八九八)二月には、奈良市が誕生し、市政に力が入れられるようになるなか、政治にもかかわりの深かった奈良実業協会が祭礼日をもとに戻すよう声をあげた。奈良実業協会とは、明治二四年(一八九一)に資産家の木本源吉が中心となって発足した奈良実業青年会が発展したもので、明治三〇年には春日奥山周遊道路を建議し(三三年開通式)、奈良公園の整備にも力を入れていた。

明治三三年（一九〇〇）一〇月、木本ほか実業協会の面々が神社を訪れ、祭礼日を一二月一七日に戻すように求めた。一一月七日の祭礼では、秋の収穫が終わっていないため近在の農家からの人出が少なく、奈良市全体の衰退につながっている、というのがその理由である。神社側は、実業協会に年間一〇〇〇円の寄付金が円滑に集まる方法を講じるように申し入れるとともに、それまで勤めていた奈良市、旧神領の祭務委員と相談し、祭礼日を一二月一七日に戻すことを決めた。

神社と市の協議の結果、明治三三年一一月、新しく任命された祭務委員は大宿所で総会を開催して、以下の三点を決議した。

一、祭務所を当分奈良市役所内におく。

二、本年の祭典費用一〇〇〇円を奈良市内で募集する。その募集方法は、市役所が中心となり、実業協会および委員の若干名を指名して定める。

三、大森吉兵衛市長を委員長とする。

これによって、おん祭は奈良市の市祭として位置付けられることになった。祭務委員会は三部に分けられ、第一部に庶務、接待、大宿所、遷還幸供奉、受付、第二部に行列、競馬、数馬、振込奴行列、荷前《のさき》、馬長児、能楽、相撲、第三部に出納、用度、食籠《じきろう》兼休幕《やすまく》の各掛をおいた。委員には、市会議員を含めた市内の有力者や従来からの奉仕関係者が任じられた。経費一一〇〇円は、春日保存会補助金からの一〇〇円のほか、奈良市寄付金として五五〇円、関西・奈良両鉄道会社の寄付金一〇〇円などでまかなった。

明治四一年（一九〇八）度決算によると、収入一四三三円のうち七八八円が市内町村からの寄付、五〇〇円が奈良市幣饌料であった。純然な市費は後者で、前者は祭務委員会の肝いりで地価を基準にして市内各町に割り振られた。

春日奉讃会の結成　明治四三年、奈良実業協会の音頭取りで、従来の祭務委員会を、春日社の施設・経営事項に関する奉讃を目的とする、春日奉讃会に改めた。会の目的をおん祭に限らず春日社の運営全般に広げたのは、前年に行われた式年造替に祭務委員会がかかわった実態にあわせたものだろう。委員長には奈良市長(木本源吉)、副委員長には奈良市助役(上田美濃三郎)がつき、総務委員には、奈良市長・助役、市名誉職参事会員、市会議長・同代理者、奈良市選出県会議員、実業協会幹部、市内有志から選ばれた。一二月、総務委員会が市役所で開催され、つづいて総会が開かれて発足した。奉讃会のもとでの役割分担は、おおむね祭務委員会時代のものを引き継いでいるが、第三部に寄付金受納、御守授与の掛が設けられた。

このようにしておん祭は、奈良市の支援を受けることになり、安定して行われるようになった。明治維新期に持ち込まれた官民の区別により、民費によって行われてきたおん祭が、官(国)と民(個人)の間をつなぐ地方自治体の祭として支えられることとなった。おん祭はあくまでも民の祭であるが、官民の中間にある市が後押しすることで維持されたのである。

第二講社の動き　第二春日講社の村々は多くは奈良市外に属し、奈良市の祭務委員会・奉讃会とは別枠の組織として運営されて、その中心は旧神領の村々だった。旧神領は大和士の役を奉仕し、大正三年(一九一四)一二月に制定された「春日若宮祭旧儀参勤規程」によれば、参加したのは、奈良市内の高畑《たかばたけ》町、紀寺《きでら》町、西木辻《にしきつじ》町、三條町の四町と、現在の奈良市および大和郡山市にあたる添上郡の東市《とういち》村(白毫寺《びゃくごうじ》・横井)、帯解《おびとけ》村（今市《いまいち》・柴屋）、平和《ひらわ》村（上三橋・下三橋・若槻《わかつき》・美濃之庄・井戸野《いどの》・稗田《ひえだ》・大江・番匠田中《ばんじょうたなか》）、治道《はるみち》村（横田・発志院・石川・中城《なかじょう》）、辰市《たついち》村（東九條《とうくじょう》・西九條《さいくじょう》・杏《からもも》）、大安寺村（大安寺・八條《はちじょう》《はっちょう》・柏木）の、計二六旧村である。

流鏑馬の御師《おし》役、願主役、馬場《ばば》役、射手児《いてのちご》、揚児《あげのちご》（各一人）は適任の者が勤め、随兵《ずいひょう》五騎、大和士五騎は参加の村々が順番で勤めた。大宿所を斎場所とし、祭礼時には講員は大宿所を宿泊所として利用した。この組織は、「大和士参勤春日講」として現在も大宿所祭の準備や大和士の奉仕を続けている。

行列の整備　明治三二年、外国人は内地旅行制限が解かれて、自由に国内を旅行することができるようになった。明治三八年（一九〇五）、奈良実業協会は、増える外国人客を迎える施設の建設を提案した。そもそも、多くの外国人を呼ぼうという発案は、明治五年の『日新紀聞』でも主張された奈良の宿願であった。その結果、明治四二年（一九〇九）一〇月に誕生したのが奈良ホテルである。

このころになると、外国人を含めた観光客の目を意識して盛大におん祭を勤めたいという意向がより強くなり、古儀を復興しつついろいろな工夫が施された。そのとき参考にされたのが京都の時代祭である。明治三七年（一九〇四）、大名行列にかかわっていた祭務委員田村善五郎の発案で、京都平安神宮の時代祭の一行三四人を呼んだ。京都の時代祭は、明治二八年（一八九五）、平安遷都一一〇〇年を期して誕生した平安神宮の新しい祭であり、その徳川城使上洛列をおん祭の行列に加えたのである。

明治四二年一二月の『大和新聞』には、京都の時代祭を意識しながら、おん祭の大名行列が外国人の呼び物となっているとの論評が掲載されている。努力の甲斐あって、この年の行列は、過去に比べずいぶんと整っていたと評されているが、それでもマントと帽子に靴ばきの馬の口取りや子供が行列の雰囲気を壊していたという。奈良ホテルが開業して外国人を古都奈良に迎え入れるためにも、それにふさわしいおん祭が求められた。

明治四一年、春日社は、お渡りに多くの講社員が参加するよう第二講社に要請しており、明治四二年、第二講社では一〇領の直垂を新調した。明治四三年、おそらくさきの論評の影響だろう、外国人の参拝客が多いので、松の下の渡りに直垂を着た惣代が参加するように申し合わせている。さらに、翌明治四四年(一九一一)には、お渡りに参加する講員は少なくとも紋付羽織袴にするように注意された。

大正元年のお渡り行列・お旅所行事　この当時のお渡りがどのようになっていたのか確認しておこう。大正元年(一九一二)の「御祭典渡御次第書」によれば、当時、行列は五区に分けられていた。第一区は春日消防組を先頭にして、白杖・御幣、ついで第一、第二、第四の講社旗と春日講社総代、大阪真鏡組・京都万栄組・大阪春栄組の講社代表、そして奈良市の献饌辛櫃《けんせんからびつ》と奈良市各町総代数名が続いた。

第二区は、赤・白・紫・黄・萌黄の五本の御幣、競馬に用いる赤・青の勝敗旗、競馬の騎士、さらに辛櫃・荷前、そして神馬、東遊が進む。第三区は、日使代、陪従、巫子、細男である。わざわざ日使に代をつけているのは、関白はすでになく本来の日使の意味がないからである。

第四区では、猿楽、馬長児と被者《かぶりもの》の従者、流鏑馬の弓矢持、的持、射手児、揚児、随兵、御師役、願主役、馬場役、大和士代、そして数馬が渡った。第五区では、野太刀、中太刀、小太刀、長刀(薙刀《なぎなた》)、数槍と続き、田楽、行司・四角立(支証)と十番力士が進み、最後に振込行列となっていた。

このように、行列は新旧の要素が取り混ぜられており、下の渡りと上の渡り(松の下の渡り)との区別がなくなっていた。

お旅所行事も確認しておこう。最初に献饌、祭主の奉幣・祝詞が行われる。地方長官、奉讃会委員長など役員、講社員の拝礼は、明治時代になって付け加えられたものである。つづいて、古儀に従い馬長児が馬を三回引きまわして拝礼し、日使の奉幣・祝詞のあと、神馬が三返引きまわされる。射手児、随兵、御師、願主役、馬場役、大和士代の拝礼は近代の創案である。神前では、十番相撲、神楽、東遊、田楽、細男、振鉾三節、万歳楽、延喜楽、賀殿、地久、猿楽翁舞、倭舞、蘭陵王、納曽利、散手、貴徳、抜頭、落蹲がある。納曽利のとき、馬場で流鏑馬が行われる。講中へ神酒と金幣を下付して行事を終え、還幸の儀となった。

地方長官、高等官、奉讃会委員長など、拝礼する人の肩書や順番はやや変わっているものの、儀式の前半で関係者の拝礼が行われる現在の式次第はおおむね固まっている。近世段階ではなかった流鏑馬奉仕者が神前で拝礼したり、本来ならお旅所行事の終わり近くで行われていた相撲(一六六ページコラム参照)が最初に行われたりするという改正もみられた。

にぎわう祭　明治時代の終わりころには、新聞などによって、おん祭の周辺のにぎやかさがうかがえるようになる。その様子を紹介してみよう。

一二月一五日は、大宿所詣と呼ばれ、大宿所のある餅飯殿町は夜遅くまで多くの人でにぎわった。奈良女子高等師範学校の佐藤小吉は、この様子を、物売り店は所狭しと並び、参拝の人は織るがごとく、ほとんど通れない位の雑踏をきわめる、と記した。三度目の湯立が終わり、夜七時ころにはあっというまに人気《ひとけ》のなくなる今とはずいぶんと様子が違う。

大宿所の敷地の北側には掛物をかけた小屋、南側には露店があり、のぞきからくりに子供の人気が集まっていた。ここに店を出す露天商は、出店者取締と世話人によって仕切られていた。明治三〇年代に出店者取締であった北京終《きたきょうばて》町の藤井勇吉は、戦後おん祭を支えた谷井友三郎《たにいともさぶろう》の実父であった。

大宿所のみならず、いたるところで見世物《みせもの》や露店が並んでいた。明治四二年、興福寺大湯屋付近では、大阪千日前で評判だった天楽斎《てんらくさい》の釜抜け、大橋一座の軽業《かるわざ》、ダーク人形(ヨーロッパから伝わったマリオネットの人形劇)、讃岐《さぬき》の樋口流剣士の見物人飛入勝手の撃剣、妊娠婦人の人体解剖、活動写真、永井一座の人と熊の相撲、片山一座の野猿と鼠の芸当といった見世物小屋が並んでいた。

このほか、おでん、鮨、カニ、菓子、果物、靴、小間物などの露店が数百あったという。東山中の人は、年の瀬のおん祭を見物して、帰りにシビグツ(なかにワラを入れた革靴)を買うのが習慣だった(図72)。カニの露店は、おん祭の名物であった。ゆでて赤くなったカニを檜の葉に並べて売っていた。奈良に生まれた写真家の北村信昭は、幼いころ興福寺大湯屋の東の老夫婦が売っていた「おみた」(みたらしだんご)のなかでも、指のように五つに割った竹串に小さいだんごをさしたものがお気に入りだった。奈良団扇《うちわ》の竹の芯を使った奈良特有のものだった。

ほったほった市は、もともと毘沙門《びしゃもん》町で一二月一六日に数多くの魚店が出て、「ほったほった　安い安い」と掛け声をかけるのでこの名がある。起源はよくわからない。大正八年(一九一九)に寺町に奈良市公設市場ができたほか、大正一一年(一九二二)に椿《つばい》井町の添上郡農会経営公設市場、大正一二年(一九二三)に奈良市

図73　植木市（昭和30年代前半）

シビグツ

図72　シビグツの露店（昭和30年ころ）

の北部公設市場（中御門《なかみかど》町）ができ、毘沙門町での魚市は姿を消した。「ほったほった」の掛け声は公設市場に引き継がれ、おん祭の宵宮の一六日に、この呼び声で魚を売っていた。また、井上町の一六会《いちろくかい》なるものが魚を売っていたという。ほったほった市の掛け声は、昭和一〇年代には聞くことができなくなる。

植木市は、辷《すべ》り坂で行われていた（図73）。こちらの起源も不明だが、少なくとも明治時代の終わりには開かれていた。おん祭の騒がしさを嫌う奈良市民が、後見物といって後日能や見世物をみるのをねらい、正月用の盆栽、床飾りなどを売ったのが始まりだといい、一八日に店を開くのが恒例だった。明治末年の奈良県内では、長谷寺（桜井市）の仏名会《ぶつみょうえ》、小泉（大和郡山市）の金輪院庚申《こんりんいんこうしん》祭にも植木市が立ったが、おん祭が一番さかんであった。正月を越え、南市《みなみいち》町の五日戎《えびす》まで店を出している。

新年の飾り物や正月用品などを売る年末の市《いち》を「歳《とし》の市」というが、おん祭と奈良町での歳の市が結び付いたのはそれほど古いことではなかった。明治三〇年代後半に、奈良新聞社が率先して宣伝して餅飯殿通りで開催したのが奈良の歳の市の始まりであるという。

コラム　大阪相撲

年中休みなし
工ゝ宜き営めなるべき平おん祭の模様を記せば
▲御旅所の相撲　大阪一流の關取を始め二流、三流に分ちたる一組は一昨日午後四時頃から取り初めたるが其勝負は左の如し

勝	負	勝	負
玉錦	立山	讃岐山	五十嵐
若錦	朝風	大達	櫻川
平石	殿り	三瀬川	大錦

▲諸興行物　興福寺境内に於ける興行物に何れも充分の入りなく辛うじて浜御寓真のみが女や子供を呼びたる位にて其他は昨年よりは淋しかりき

図75　相撲の結果（『奈良新聞』大正元年12月19日）

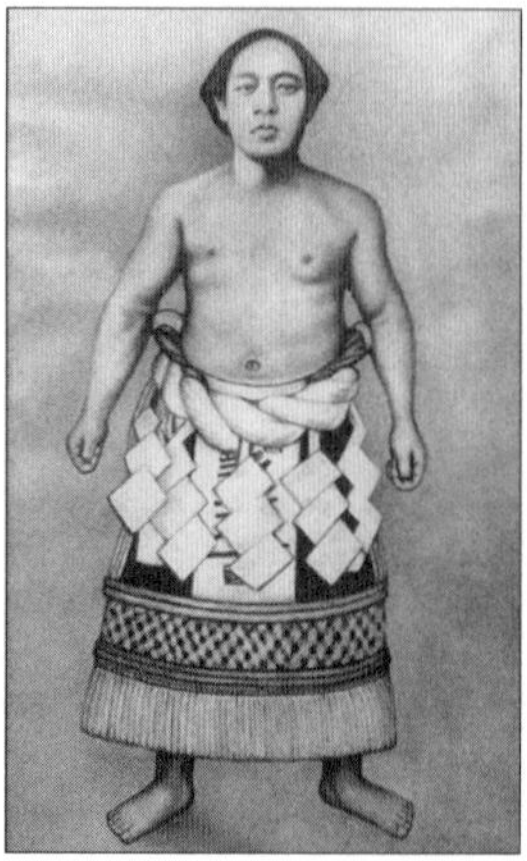

図74　大錦大五郎

明治時代のおん祭の相撲には、江戸時代までと大きく異なって花相撲の力士衆が参加するようになっていた。明治三八年（一九〇五）の祭礼記録には、相撲を奉仕した二〇人のしこ名が記されているが、その最初に大錦《おおにしき》大五郎（図74）が登場する。大錦は明治三五年（一九〇二）、京都相撲から大阪相撲に移り、三八年当時は十両にいた。大正七年（一九一八）には横綱に出世し、大阪相撲を代表する花形力士となった。

明治四三年（一九一〇）の十番相撲では、八番目からを中入りと称しており、このときの結びを勤めた竜ケ谷《りゅうがたに》と二瀬川《ふたせがわ》は、ともに大阪相撲の前頭《まえがしら》であった。大正元年（一九一二）の『奈良新聞』には、六番の相撲の結果が記録されていて、結びは大錦・二瀬川であった（図75）。

このように、明治末年から大正期にかけての相撲は、十番相撲という伝統を担いながらも、大阪相撲を招き、一種の興行として行われていた。十番相撲のあとに土俵入りもあった。

大阪相撲は昭和二年（一九二七）に解散してしまう。その後、相撲が誰に担われていたか確認できていないが、少なくとも昭和六年（一九三一）にはお旅所行事からはずれ、その後、一八日の奉納相撲になった。

やがて、手貝通りや元興寺町、清水通りあたりまで歳の市を始めるようになった。

祭り気分にまかせて、遊郭で過ごす人も少なくなかった。おん祭の一二月一七日は奈良の遊郭の大紋日《おおもんび》であった。大正元年には一二月一六日と一八日の花代の相場は昼三円、晩三円五〇銭、一七日は昼四円五〇銭、晩五円で、正月並のやや寂しい金額だったという。とはいえ一〇銭あれば見世物小屋に入れたし、露店のはしごもできた時代である。それぞれの置屋《おきや》では、新しく女性を呼び寄せておん祭と正月に備えたという。

おん祭は一年の疲れを癒《いや》し、正月準備も兼ねた老若男女を問わず楽しむ奈良の一大イベントであった。

4 近代の変容と復古

渡りの向きが変わる　大正三年四月、大阪電気軌道(大軌)上本町・奈良間(現近鉄奈良線)が開通し、奈良と大阪の距離が大幅に短縮された。同年のおん祭の日、院線奈良駅(現JR)の降車数は五〇〇〇人だったのに対して、大軌の降車数は、東向《ひがしむき》駅(現近鉄奈良駅)で五〇〇〇人、油阪《あぶらさか》駅(現在の近鉄奈良駅と新大宮駅の間にあった)四六〇人と、院線と匹敵する人数を奈良に運んだ。大軌の開通によって奈良への観光客、おん祭の参詣客が飛躍的に増えた。
しかしその一方、奉讃会ではおん祭が振るわなくなってきているという危機感を持っていて、大軌の開通にあわせ発展策を講じようと考えた。改正の焦点となったのがお渡りの行列である。行列全体の格をあげるために、時代行列にふさわしい装束を調えるよう奉仕者に要請した。さらに、行列そのものにも手が加えられた。従来、下の渡りは興福寺の境内(花の松前など)に集合して、辷り坂を西に下り、橋本町、東向(南・

中・北)町、宿院《しゅくいん》町、鍋屋《なべや》町、柚留木《ゆるぎ》町と進む江戸時代の行程のままであった。これでは一の鳥居で行列が東に折れるため短くみえる。そこで、行列の向きを逆転させ、花の松から県庁前、雲井坂《くもいざか》、柚留木、東向、橋本、辷り坂と進む間を下の渡りとし、興福寺前の五十二段から東の行程を上の渡りとすることで、行列を直線的にして長くみせようと試みた(図71)。翌大正四年(一九一五)以後もこの道順が採用された。

京都からの大名行列への参加は明治四三年まで続いた。翌四四年からは郡山藩の行列が復活し、奈良奉行・郡山藩代参者の駕籠がふたつ用意されることになった(図76)。ところが、駕籠に乗る「殿様」を勤めると早死にするという迷信が生まれて乗り手がなく、子供を乗せるようになった。大正三年、行列の格をあげるために市長が殿様の候補にあがったが、迷信を怖がって当の市長(西庄久和)がしり込みしてしまう。結局この年は、市会議員の宮武佐十郎・森田宇三郎が駕籠に乗り、翌年には同じ市会議員の吉村長慶《ちょうけい》が乗った。奇人として知られ、迷信打破を唱えた長慶らしく、死の直前まで奈良奉行役として駕籠に乗り続け、以後迷信は消えたという。

このほか、数の減ってきていた大宿所の掛物を増やして江戸時代の様子に多少なりとも近づけようと努力した。湯立の復興も企画されたが、巫女の家筋が絶え、代わりも見つからないということで、こちらはすぐには実現しなかった。湯立が復興したのは、大正一〇年(一九二一)で、大正一二年までは確認できるが、再び行われなくなった。

一七日の競馬の数を減らし、かわって一七・一八日の両日にわたって競馬を行うことで、一八日をにぎやかにしようというプランも出た。一八日には、大軌の後援により、県内のみならず京都、大阪、丹波、伊賀

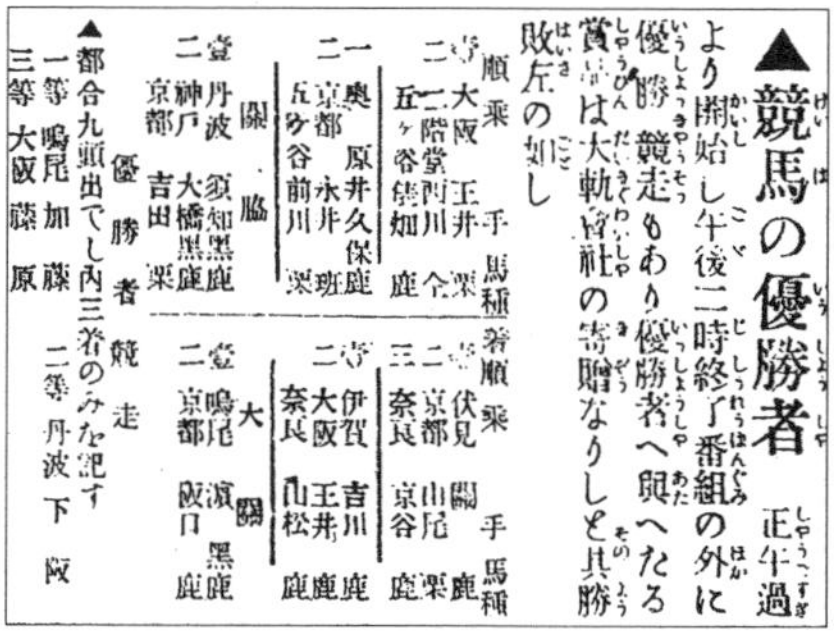

▲競馬の優勝者

正午過《しやうごすぎ》より開始《かいし》し午後《ごご》二時終了番組の外《ほか》に優勝競走もあり優勝者へ與《あた》へたる賞品は大軌會社の寄贈なりしと其勝敗左の如《ごと》し

順 乘 手 馬種
壹等 大阪 王井 栗
二等 二階堂 西川 仝
五ヶ谷 佐伯 鹿

一 奥 原井久保 鹿
二 京都 永井 班
五ヶ谷 前川 栗

関脇
壹 丹波 須知 黒鹿
二 神戸 大橋 黒鹿
京都 吉田 栗

順 乘 手 馬種
壹 伏見 關 鹿
二 京都 山尾 栗
三 奈良 京谷 鹿

壹 伊賀 吉川 鹿
二 大阪 王井 鹿
奈良 山松 鹿

大関
壹 鳴尾 濱 黒鹿
二 京都 阪口 鹿

優勝者競走
▲都合九頭出でし内三着のみを記す
一等 鳴尾 加藤
二等 丹波 下阪
三等 大阪 藤原

図77　競馬の結果(『奈良新聞』大正３年12月19日)

図76　戦前の大名行列の駕籠

などから駿馬が集まって、優勝競争が行われた(図77)。勝者には神社から金幣・銀幣が授けられた。優勝商品は大軌がスポンサーとなり、奈良で貸馬屋「馬車市」を営んでいた山尾幸吉が世話をした。競馬はその後も人気が高かった。

昭和の改正　明治時代以後、改正を重ねるうちに、伝統の行列はだんだんと姿を変えた。その一方で行列に参加する人数が少ないという批判も出た。そこで、江見《えみ》清風《せいふう》宮司が中心となって古儀を調査し、そのうえで昭和六年(一九三一)に行列が再整備された。明治時代以後の新しい行列を番外として先頭におき、江戸時代以来の行列を一二番にまとめる現在の行列は、このとき決められた。

行列を簡単に確認してみよう。まず、明治時代以後に加えられた講社旗、荷前、神馬、県・市の幣帛《へいはく》辛櫃、奉讃会委員長、奉讃会総務委員、町総代などの番外行列が進む。大阪や京都の講社が隊列に加わらなくなり、奈良の祭りとしての性格が鮮明になっている。

第一番は、白杖・御幣に続き、青・黄・赤・白・紫の五本の御幣、十列児、日使、陪従である。第二番は、巫女、第三番は細男と十番力士の行司・支証が続く。以後、第四番猿楽、第五番田楽、第六番馬長児、第七番競馬、第八番射手児、揚児、随兵、第九番将馬《いさせうま》、第十番野太刀、中太刀、小太刀、長刀、数槍、第十一番願主役、御師役、馬場役、大和士代、第十二番大名行列である。

新しい役割を番外にまとめることで、伝統を守りつつ行事を大きく飾ることができるようになった。もっとも、第一番の五本の御幣や第四番の十番力士行司・支証などがお渡り行列に加わったのは明治時代になってからだが、これらはそのまま残された。

観光行事として　古儀復興と同時に、以前にも増して宣伝に力が入れられた。昭和七年(一九三二)一一月末から一二月初めまで、大阪南海高島屋でおん祭展覧会が開催され、道具や絵巻、装束などを展示しておん祭の知名度をあげ、さらにポスター一〇〇〇枚を京阪神の市役所・商工会議所に配布、大軌・奈良市街バスの車内でも宣伝した。

同年一二月、奈良市に産業観光課が新設された(昭和九年〈一九三四〉四月、観光課として独立)。産業観光課は、昭和六年に各地の観光協会・地方自治体により結成された日本観光地連合会のほか、ジャパン・ツーリスト・ビューロー(現ＪＴＢ)や奈良市内の観光協会などと連携して活動を展開した。おん祭の行事は、観光事業を促進しようとする国内の流れに棹をさし、奈良市の観光事業へのてこ入れとタイアップしながら企画されていった。

昭和八年(一九三三)のおん祭は、寄付金一〇万円を募集して、おん祭のための基金へ繰り入れるとともに、お旅所や大宿所の拡張を図った。現在使われている大宿所の献菓子の木枠はこのときのものである。大阪の新聞社や電報通信社へおん祭の情報を提供して宣伝に努め、ラジオの実況放送も計画された。

大正三年に変更されたお渡りの行程も見直された。昭和七年、行列は押上《おしあげ》町、鍋屋町から東向(北・中・南)町へ通常の道を進んだあと、三条通りを経て角振《つのふり》町から南へ進み、椿井、阿字万字《あざまめ》、鶴福院へ行き、市役所(現在の奈良町センター)の前を通り、猿沢池《さるさわのいけ》南側を経て辷り坂をあがるように改められた。奈良の南側に行路を広げたが、道が狭くて不便だった。そこで、翌昭和八年には、師範学校前の公園に休幕を設けて、ここから出発し、登大路を下り、大軌奈良駅前を通って油阪まで進み、省線(現JR)奈良駅前から三条通りを東に向かって辷り坂を歩いた。県庁前公園から出発し、近鉄奈良駅・JR奈良駅というふたつの玄関口を通る現在の道筋は、このとき定められた(図71)。

昭和八年の祭礼当日には、市内の家々では祝意を表す国旗と軒燈を掲げた。午前中には、大安寺村・帯解町・辰市村から計六台の太鼓台が引き出され、四〇〇人がお渡りと同じ行程を練り歩いた。奈良市観光課は、興福寺の五重塔の南側で奈良音頭などを流してお祭り気分を高めた。行列の本体には八〇〇人が参加した。松の下の北側の桟敷は、大軌・省線の団体席となっており、鉄道と観光、さらには新聞・ラジオなどを有機的に結び付けて宣伝して観光客を導いた。あいにく雨にたたられたが、例年以上に盛会だった。

翌昭和九年一二月一六日、春日神社古楽保存会会員が出演して、おん祭で奉納される蘭陵王と納曽利がラジオ放送された。春日神社古楽保存会は、大正天皇の御大典記念事業のひとつとして誕生した奈良雅楽会(大正五年〈一九一六〉六月)を母体として昭和七年六月に発足、雅楽はもとより田楽・細男などの古楽を伝承保存することを目的とした。戦後、春日古楽保存会となり、昭和四三年(一九六八)にはここから雅楽部門が独立して南都楽所が結成されることになる。

戦時下のおん祭　昭和六年九月、満州事変が勃発し、昭和一二年(一九三七)七月には日中戦争が始まった。昭和一二年のおん祭から、武運長久の大幟《おおのぼり》と各町からの武運長久旗が出されるようになった(図78)。昭和一

図78　各町内会から出された武運長久旗

三年（一九三八）には、現在の奈良教育大学の場所にあった奈良聯隊の将兵、あるいは負傷して奈良陸軍病院（現奈良市立奈良病院）で療養中の軍人が戦友の武運長久を祈って参拝した。また、戦時ゆえに祭礼を厳粛に勤め、華美やいたずらな饗応を慎むように注意されたが、実際には多くの人びとが集まって、にぎやかに行われた。クリスマスのデコレーションが自粛されたのと対照的である。

昭和一六年（一九四一）一二月、真珠湾攻撃を皮切りに英米と開戦した。その直後の緊迫したなかでのおん祭は、町内会長が武運長久旗を持って加わり戦意高揚を図ったが、規模は縮小を余儀なくされた。お渡りの人夫は奈良青年学校の生徒が奉仕した。燈火管制があったので、遷還幸の大松明《おおたいまつ》は紙燭《しそく》となり、篝火をやめて電灯をぼんぼりで覆ってあかりとした。さらに夜の行事を避けるため、お渡りは例年より二時間はやく午前一一時に出発、油阪には行かず、東向通を通って三条通へ出るよう短縮された。行列の最後尾がまだお旅所に到着していないにもかかわらず、正午になるとお旅所行事が始まった。芸能は暗くなる午後五時半で打ち切られ、貴徳以下の三番と流鏑馬は中止された。翌一八日の後日能の前には宣戦奉告祭が執行されている。

昭和一八年（一九四三）のおん祭を伝える新聞には、必勝祈願のために参詣したとか、見世物のジンタの音や見物客のことを「日本の底力と余裕」などと書いていて、おん祭はそれなりに続けられたが、戦時色は確実に深まっていった。奈良で初めて空襲警報が発令された昭和一九年（一九四四）のおん祭はさらに縮小され、大宿所祭やお旅所への遷幸はあったものの、お渡り行列は中止された。舞楽の奉納は午後六時に終え、早々と還幸した。後日能や競馬もなかった。祭儀そのものはかろうじて中止を免れたが、厳しい状況のなかで終戦を迎えることになった。

終章

現代のおん祭

戦後復興　昭和二〇年（一九四五）八月、戦争が終わった。幸いにして奈良では大規模な被害はなかったが、世のなかは大きく変わった。昭和二〇年のおん祭は、もともとの資金難に加え物価高騰が重なって、経費不足は深刻だった。規模を縮小しても最低七五〇〇円かかるところ、市の補助金二七〇〇円、繰越金一八〇〇円の計四五〇〇円しかなく、三〇〇〇円が不足した。戦時中に引き続き、競馬は最初から取りやめとなった。あいにく雨のためお渡りは中止されたが、それを知らず、久しぶりに平和な世のなかで行われるおん祭を期待して集まった人びとの横を、時代の変わり目を象徴するかのように、クリスマスツリーを乗せた占領軍のジープが走った。

祭礼直前の一二月一五日、GHQは神道指令を発し、国家神道を廃し政教分離を命じた。おん祭にその影響がおよぶのは翌昭和二一年（一九四六）からで、市の補助金や、そのてこ入れによって市民を動員してきたおん祭の継続が危ぶまれた。この窮地を救ったのが、奈良の観光業で活躍していた谷井《たにい》友三郎《ともさぶろう》である。谷井は、奈良軍政府と硬軟折り混ぜて交渉し、市や県の補助を受けず谷井がすべて負担するのであれば、おん祭を執行してもかまわないという言質を取ることに成功した。

そこで、昭和二一年のおん祭は、祭祀は春日社《かすがしゃ》、参勤行列や後宴能などは市文化協会と分担をはっきりさせ、谷井が私費を投じて行った。旧神領の村々も祭費のほか祭典米を奉納した。時節柄、社務日誌には、「民衆の思想混乱を反映して厳粛荘重を欠き、松の下の行事中、進駐軍のジープ運転を見る等、遺憾の点尠《すくな》からざりき」と当時の様子が記されている。

翌昭和二二年(一九四七)も、谷井の一〇万円の寄付によってまかなわれ、昭和二三年(一九四八)にも、谷井は「おん祭後援特別興行」を催し一四万円を寄付した。おん祭は、戦後のもっとも苦しい時代を、谷井の支援によって乗り切ることができた。

昭和二三年は、予算の都合で競馬や十番力士《りきし》行司《ぎょうじ》・支証は省略され、都跡《みあと》青年団の有志がお渡りを奉仕した。都跡青年団の奉仕は昭和三二年(一九五七)まで続き、翌三三年(一九五八)からは、奈良学芸大学(現奈良教育大学)・國學院大学の学生に代わった。

昭和二四年(一九四九)からは、奉讃会、奈良県商工会議所、そして同年に結成され谷井が会長となった奈良市観光協会の協賛で行われた。奉讃会長には奈良県商工会議所会頭の越智岩太郎《おちいわたろう》が就任した。この年の行事の目玉はシカ踊りの子供五〇人で、お渡りの先頭に立って花を添えた。遷還幸《せんかんこう》では、奉讃会委員・旧神領祭務委員が烏帽子《えぼし》・浄衣《じょうえ》を着し、榊《さかき》を持って供奉《ぐぶ》した。鼉太鼓《だだいこ》が三年ぶりにお旅所へ引き出され、戦前に行われていた奉納相撲《すもう》も再興された。新しい試みとして、奈良市軟式野球連盟とタイアップしておん祭協賛軟式野球大会が開催された。

文化財としてのおん祭　昭和二六年(一九五一)一一月、奈良県は、「奈良市春日大社おん祭の行事」を無形文化財に指定した。この年から、行事は戦前の形に戻され始め、県指定を記念して行列が増やされた。昭和一六年(一九四一)に短縮されたお渡りは、油阪《あぶらさか》を経て国鉄奈良駅前から三条通を東に進む行程に戻された。また、公職者の関与の制限もゆるみ、奈良市長が参加するようになった。

昭和二七年(一九五二)三月、おん祭の舞楽《ぶがく》・田楽《でんがく》が国の「助成の措置を講ずべき無形文化財」に選定された。さらに、おん祭全体を選定すべきだという意見が文化財保護委員会内にあったため、昭和二七年のおん祭に、東京文化財研究所芸能部の池田弥三郎らが調査に訪れた。彼らは、舞楽・田楽の装束《しょうぞく》を修理するための国庫補助申請は無形文化財としての最初の補助例になるとしつつ、おん祭が春日大社の宗教行事であるため、どこまでを芸能として選定するのかが問題になると考えていた。この調査の結果を受けて、昭和二八年(一九五三)三月、おん祭全体が「助成の措置を講ずべき無形文化財」に選定された。

昭和二九年(一九五四)五月の文化財保護法の改正によって選考の基準が変わったため、右の選定はいったん白紙に戻された。そこで同年のおん祭には、重要無形文化財としての指定の調査のため、民俗学の本田安次らが来訪した。重要無形文化財は保持者を指定することになっており、おん祭ではその点に難点があるとされたものの、別に定められた、「記録作成等の処置を講ずべき無形の民俗文化財」に指定されることは確実だと評価されていた。しかし、全国的な民俗調査が進まないうえ、無形民俗文化財は「指定」より「記録保存」に力が入れられたこともあって、「春日若宮おん祭の芸能」(管理団体・春日古楽保存会)として、「記録作成等の処置を講ずべき無形の民俗文化財」に選定されたのは、ずっと遅れて昭和五〇年(一九七五)一二月だった。さらに「春日若宮おん祭の神事芸能」として国の重要無形民俗文化財に指定されたのは、昭和五四年（一九七九）二月である。これを契機に結成された春日若宮おん祭保存会が保持団体となった。昭和五五年（一九八〇）七月に正式に発足したおん祭保存会は、名誉会長に奈良市長を推戴し、春日大社のほか、奈良県、奈良市、奈良市観光協会、奈良の実業界、奈良市自治連合会が参画した。

華やかな祭　かつて柳田國男は、『日本の祭』のなかで、長い歴史を経るうちに祭礼が変化していくことを指摘していた。それも念頭にあったのだろう。無形文化財の選定のために調査に来た池田弥三郎は、無形文化財は観光資源となるため形が変わりやすいところが問題であると語っていた。明治時代以降のおん祭は、まさにそのような歩みを続けてきた。とはいえ、昭和の改正でお渡りの行列に番外を設けて古儀と分離し、そこに話題性のある行事を集めて、観光と古儀とを共存させた。

戦後、この番外にいろいろな工夫が凝らされた。昭和二四年に始まったシカ踊り（図79）のほか、昭和二八年には、滋賀県栗田郡草津町（草津市）の立木《たちき》神社のさんやれ踊りが加わった。立木神社の祭神は、春日大社と同じ武甕槌命《たけみかづちのみこと》で、この神を鹿島《かしま》から迎えたときの踊りがさんやれ踊りだと伝えられている。二九年には、戦前同様の町旗が参加した。

人出、ザッと七万

春日おん祭　にぎわう

三条通を練る行列（馬上の人は高椋奈良市長）

図79　シカ踊りの行列を伝える新聞（『朝日新聞』昭和26年12月18日）

昭和三二年、おん祭は、戦後初めて市祭と位置付けられて、番外が一新された。この年、大テングが行列の先頭となり、荷前《のさき》、真榊《まさかき》を乗せた牛車《ぎっしゃ》が続いた。大映女優橘公子《たちばなきみこ》が榊使《さかきつかい》として十二単衣《ひとえ》を身にまとって御所車に乗り、行列に花を添えた。長い間おん祭に使う馬を調達していた馬車市が廃業したため、大映の京都撮影所から、前年の倍の二四頭の馬を借用した。そのなかには、人気俳優の長谷川一夫や京マチコの愛馬もあると話題となった。榊使は大映女優が奉仕したのち、昭和五三年(一九七八)には奈良市観光協会主催奈良の女王コンテストで選ばれた女性が勤めるなどして話題を振りまいた。また、稚児行列や自衛隊音楽隊、子供神輿《みこし》が先行行列に加わって祭りの雰囲気を高めた。

昭和四三年(一九六八)に近鉄奈良駅の地下移設工事が始まり、行列が登大路を下れなくなったため、国鉄奈良駅を出発点とした。地下工事は昭和四四年(一九六九)一二月には完了し、地下駅が開業したが、警備の関係で行程はしばらくそのままにされた。観光協会の尽力によって、出発地点が県庁前に戻されたのは、昭和五六年(一九八一)である。

大名行列保存会の誕生　戦前の大名行列は、元林院《がんりいん》町の田村善五郎が案内人組合の人びとを束ねて行っていた。戦後も引き続き奈良ガイド協会と名前を変えた組合の人びとが奉仕していたが、冬の観光客が増えて忙しくなり、ガイド協会は奉仕をやめた。そこで、昭和三七年(一九六二)からは、谷井の伝手《つて》により京都ヤッコ手回り会を雇い入れることになった。

昭和五二年(一九七七)ころ、大名行列が貧弱なことを嘆いた奈良の若者有志は、自分たちで資金を調達して道具を調えた。先人から手ほどきを受け、昭和五四年から大名行列保存会として奉仕を始めた。さらに翌年からは子供大名行列が加わった。無形民俗文化財の指定を受けていたため、子供大名行列は奈良県から反対されたが、後継者を育成するということで、保存会側が押し切った。市民参加をめざし、奉仕者を公募すると一挙に参加者が増えた。現在は、郡山《こおりやま》藩・子供大名行列・南都奉行《なんとぶぎょう》の三隊からなり、女性の奉仕者がことのほか増えているのが印象的である。

重ねられる古儀復興　おん祭は、明治維新と第二次世界大戦後というふたつの大きな時代の変化と、観光行事の目玉としたい地域、各種業界からの要請が重なり、幾度となくその姿を変えてきた。とりわけ、明治維新の変化は大きく、「古儀復興」は、おん祭の大きな宿題であり続けた。

明治維新によって禰宜《ねぎ》が絶えたため、遷還幸では御神体を守るのに絹垣が用いられていたが、昭和三二年、神職などが榊を持って奉仕する古儀が復興した。この年、昭和六年(一九三一)以来の古材を繰り返し用いていたお旅所御殿は、奈良営林署から国有林の払い下げを受けて新造されている。掛物《かけもの》は、戦後中断していたが、昭和三四年(一九五九)に復活した。戦前ほどの数ではなかったものの、山鳥、山鳩、兎もあって人びとの注目を浴びた。

復興にとくに力が入れられたのが、昭和六〇年(一九八五)、おん祭が始まって八五〇年の記念の年である。参勤辞令交付式として装束賜《しょうぞくたばり》の名が復活し、大宿所での御湯立、南大門交名《きょうみょう》の儀、競馬、流鏑馬《やぶさめ》といった大きな行事、お渡りでは郷神子《ごうのみこ》と八島神子《やしまのみこ》が復興された。調査が重ねられ、旧神領の大和郡山市若槻《わかつき》町で伝承されていた湯立が採用された。この年には、神子が御所車に乗って市中を練りまわる大宿所《おおしゅくしょ》詣や、大宿所でののっぺ汁(一八二ページコラム参照)のふるまいなどが企画された。

流鏑馬は、昭和二五年(一九五〇)に復興の動きがあったが、旧神領中には馬場役の経験者がいないうえ、馬の借用料の高騰で断念された経緯があった。『長川流鏑馬日記』や『春日大宮若宮御祭礼図』などによって作法を復興し、射手児《いてのちご》は乗馬クラブや弓道場で練習を重ねて本番に臨んだ。

八五〇年祭をきっかけに結成された大和《やまと》芸能懇話会は、その後も、民俗や文献の調査、古老の聞き取りなどを企画し、おん祭を紹介するパンフレットを毎年作成して、祭礼研究と古儀復興に力を発揮してきた。その後も、毎年のように少しずつ復興が続けられており、平成一五年(二〇〇三)の若宮御出現一〇〇〇年に際しては、頭屋児《とうやのちご》や素合御供《すごのごく》、宵之御供《よいのごく》、辰市神子《たついちのみこ》が復興されている。

おん祭の今　春日若宮おん祭は、強い力を持っていた興福寺が大和一国を支配する理想を描くようにして創始した祭りだけに、その規模は大きく、供物の質も量も他とは比べ物にならない。理想形を追い求めるために、朝廷を含めて多くの人びとを動員して初めて成り立ってきた祭礼である。しかも、戦国時代に何度かの短い中断があるものの、明治維新や太平洋戦争の戦中・戦後の混乱を乗り切り、連綿と続けられてきた。今日これを維持し将来に伝えていくためには、なおさら多くの理解と支援が必要とされる。一般に無形民俗文化財の保持団体の構成員はその祭礼にかかわる人びとに限定されることが多いのに対して、春日若宮おん祭保存会は当初から一般の入会(寄付)を幅広く呼びかけている。創始以来の性格からすれば、けだし当然のことかもしれない。

おん祭の行事のほとんどは屋外で行われるため、どうしても天候に左右される。平成一五年、お旅所前の芝舞台に作られた雨天用幄舎《あくしゃ》(覆屋根、**図80**)には、天気に関係なく若宮の神に喜んでもらいたいという思いが込められている。その一方で、雨の日のお旅所にいると、参拝客の残念な思いもひしひしと伝わってくる。幄舎はそのような人びとにとっても朗報なのかもしれない。芸能を楽しんでいるのは若宮の神だけではないだろう。

図80　芝舞台雨天用幄舎

江戸時代での松の下の渡りや明治時代以後のお渡り行列のように、広く人びとに開かれた場所で行われる行事のなかには、権力の示威を目的として、あるいは観光客のために、変更が重ねられてきたものもある。幄舎の設置は、それらに比べるとはるかに小さい変更かもしれないが、神前のもっとも神聖な場所、信仰の根幹部分に近いところへ手を入れたことについては、いろいろな立場からの意見がありうるだろう。

行事を復興・継続して伝統を守る努力、地域・社会からの要請にこたえる姿勢、このふたつはときに鋭く対立するが、いずれが欠けても祭礼は成立しない。人びとの参加・協力のあり方を模索し、互いに知恵を絞り工夫しながら営まれているのが、今日の春日若宮おん祭である。

コラム　のっぺと俗謡

現在、大宿所《おおしゅくしょ》祭のときに、餅飯殿《もちいどの》商店街の方がたの奉仕によって参詣者にふるまわれているのがのっぺである。祭礼の日、奈良の旧家では、親類縁者や出入りの者などを招いて祝宴を催す習慣があった。奈良の醬油《しょうゆ》醸造の家に生まれた青田藤七郎の思い出によれば、そのときの料理が、焼いた鰶《このしろ》とのっぺである（図81）。なぜ鰶かと思っていたが、漢字（魚＋祭）をみて初めてその理由が了解された。青田によれば、のっぺは、ダイコン、ニンジン、ゴボウ、ドロイモ（サトイモ）、のっぺ用の二寸角ほどのあぶらあげの五品で作る。高田十郎も「奈良百話」でおおむね同じ材料をあげている。大正一二年（一九二三）の『大和日報』では、粉山椒《こなざんしょう》をかけて食べ、具材に銀杏《ぎんなん》、シイタケを加えることもあったと記す。いずれにせよ、家庭によって出す魚やのっぺの具

図81　のっぺ

や味付けが違っていたという。「のっぺ汁」と呼ばれることもあって、吸い物のように誤解されがちだが、汁として食べるものではなかった。のっぺを食べる習慣もずいぶんとすたれてきたようだが、平成一九年（二〇〇七）の「農山漁村の郷土料理百選」を選定するときに、奈良県の代表的な郷土料理として、その候補のひとつにあげられた。

おん祭に関係する俗謡として、現在よく知られているのは、「おん祭りの歌」で、大宿所の様子を歌ったものである。堀川佐一郎が、この歌を書き留めている。

センジョ行こう　万衆《まんじょ》行こう

センジョの道に何がある　尾のある鳥と　尾のない鳥と

センジョ行こう　万衆行こう

大宿所参りは「センジョコ・マンジョコ」と呼ばれていた。「センジョ」とは遍照院《へんじょういん》がなまったものだと推定されている。堀川が、みんなでという意味で、「まんじょ」に「万衆」の字をあてたのなら、「万庶」のほうが適切かもしれない。「尾のある鳥」は掛物の雉、「尾のない鳥」は兎である。この歌は、同じようにおん祭を歌った「大さむ小さむ」とあわせ、奈良市音声館の活動として、毎年大宿所祭で奉納されている。

つぎの歌は、明治四三年（一九一〇）一二月一六日の『大和新聞』に載っているもので、童謡というが、どうだろうか。意味がよくわからないところもあるが、復興を期待して記しておくことにしよう。

保延祭りは見事なことよ　誰れも見に行く　行きなばエヽーし
よう来はこれなんへ　押すな騒ぐな　片寄れ行きやれ
菅笠をつとらまえて　陽気ないヽは　サアサ　見事エー

あとがき

厳寒の暗闇のなかで、遷幸《せんこう》を待っていたことが何度かある。警蹕《けいひつ》《みさき》の声。松明《たいまつ》の炎。お香のかおり。神職たちの足音。おそらく古代以来さして変わらぬ光景であろう。このときには神仏に対する変わらぬ尊敬と畏怖を感じるといった声をよく聞くし、本書の「はじめに」でもそのようなことを書いている。

しかしである。本当に同じ感覚、同じ思いだったのかと考え出すと、やはり違うだろうと、へそ曲がりの私はついつい思う。おん祭のとき、雨が多くなったとよく聞く。雪ではないのである。地球温暖化のせいだという人もいる。そのうえ保温効果の高い服を何重にも着込み、あるいは日ごろ暖房機器の恩恵にあずかっている私たちと、過去の人たちは寒さの感じ方はずいぶんと違うだろう。

暗闇もしかり。確かに、うっそうとした参道は暗いが、その先の空はずいぶんと明るい。夜を明るいなどというのはおかしいが、町あかりのおかげで本当の暗闇になることはない。新暦になじんでいる私たちは、ふだん月を意識しないが、旧暦だったころは、一七日は晴れれば遷幸のころは中天にあってかなり明るく、二七日ならば月明かりはほとんどなかったはずである。もちろん今よりはるかに星が明るかっただろうが。

参道の絵図や古い写真をみると、お旅所の西側の木は今のほうが多いように思う。公園化したときに植樹しており、もし今休幕《やすまく》を設けようとしても、場所に困るだろう。植生も実際には変わっている。現在は行われていないが、かりに遷幸の前、辷《すべ》り坂で衆徒と出くわし、石を投げつけられてけがをしたらどうだろう。異類異形・汚穢不浄のものであるがゆえ、あるいは神罰だから仕方ないと受け入れられるだろうか。

自然・伝統・心性・身体など、長い時間幅でみなければわからないこともある。ブローデル風にいえば、長期あるいは中期の〈構造〉や〈波動〉をいかにとらえるか。本書で、かなり無理をして、近代まで詰め込んだこだわりをあえていえば、そのようになるかもしれない。

とってつけたような理由はともかく、現実には十数年程前、お旅所裏で焚火《たきび》にあたりながら、おん祭の通史がないし、おん祭を通して奈良の歴史が書けないかという安田さんのお話と、調子に乗って、私が「打倒祇園祭」、祇園祭では近世や近代の変化についてさして言及されていないし、おん祭ではそちらにも力を入れたいなどといってしまったのが〈事件〉の始まりである。明治維新はどうなの、それから昭和ぐらいまでというリクエストにこたえようと、新聞や行政文書、神社の近代文書を調べている間にずいぶんと時間がかかり、安田さんには大変迷惑をおかけしてしまった(まさか停年を過ぎてしまうとは……)。それでも、わかっていて手の出なかった史料はまだまだある。本書が今後の研究のたたき台になればと思う。

この間、史料の閲覧を許された春日大社、奈良県立図書情報館、奈良市立史料保存館、天理大学附属天理図書館ほか、多くの機関・個人に史料を閲覧させていただいた。とりわけ、春日大社の松村和歌子さん、奈良市の岩坂七雄さん、桑原文子さんあるいは山上豊さん、阪堂全男さん、小阪祥子さん、小坂千秋さん、菅田久枝さん、関尚代さんには史料調査でお世話になりっぱなしである。本書に掲載した写真の一部は『月刊大和路ならら』編集長の鈴木元子さんを介して、地域情報ネットワーク株式会社から提供を受けた。記してお礼申し上げる。厳しい出版事情のなか、山川出版社にお引き受けいただいたのは、望外の喜びである。

中秋の夜に

著者を代表して

幡　鎌　一　弘

祭礼《さいれい》で読《よ》み解《と》く歴史《れきし》と社会《しゃかい》　春日若宮《かすがわかみや》おん祭《まつり》の900年《ねん》

2016年11月20日　第1版第1刷印刷　　2016年11月25日　第1版第1刷発行

著　者　幡鎌一弘《はたかまかずひろ》　安田次郎《やすだつぐお》

発行者　野澤伸平

発行所　株式会社　山川出版社
〒101-0047　東京都千代田区内神田1-13-13
電話　03(3293)8131(営業)　03(3293)8135(編集)
https://www.yamakawa.co.jp/　振替　00120-9-43993

印刷所　株式会社　太平印刷社

製本所　株式会社　ブロケード

装　幀　菊地信義

Printed in Japan　ISBN978-4-634-59086-1

執筆者紹介

幡鎌　一弘　はたかま　かずひろ

1961年，大阪府に生まれる

1994年，神戸大学大学院文学研究科修士課程修了

現在　天理大学おやさと研究所教授

主要著書　『近世民衆宗教と旅』(編著，法藏館，2010年)，『語られた教祖　近世・近代の信仰史』(編著，法藏館，2012年)，『寺社史料と近世社会』(法藏館，2014年)，『西宮神社御社用日記』1～3(共監修，清文堂出版，2011～15年)，『中臣祐範記』第1・2(共編，八木書店，2015・16年)

執筆担当　第四章～終章

安田　次郎　やすだ　つぐお

1950年，奈良県に生まれる

1979年，東京大学大学院人文科学研究科博士課程中退

現在　お茶の水女子大学名誉教授，放送大学客員教授

主要著書　『中世の奈良』(吉川弘文館，1998年)，『中世の興福寺と大和』(山川出版社，2001年)，『日本の歴史7　走る悪党，蜂起する土民』(小学館，2008年)，『寺社と芸能の中世』(山川出版社，2009年)，『新体系日本史15　宗教社会史』(共編，山川出版社，2012年)

執筆担当　第一章～第三章

年　表

・この年表は本書に関係する主要な事項をまとめたものである。
・出典となる史料を注記したので(略称は巻末参照)，本文を読むときの参考にしていただきたい。
・すでに『春日大社年表』に掲載されている事項は，[年表]と注記するにとどめた。
・明治時代以後の記述の多くは，春日大社に所蔵されている社務日誌，社務日記，近代文書，広報誌(『春日』『春日若宮おん祭(大和芸能懇話会)』)を参照しているので，それ以外の典拠を掲げた。
・○印は一般的な事項である。

西暦	年号	事　　項
768	神護景雲 2	*11-9* 春日社創建[年表]。
1003	長保 5	*3-3* 春日若宮神(天押雲根命)出現[年表]。
1135	保延 元	*2-27* 若宮神別社に鎮座[年表]。
1136	2	*9-17* 興福寺大衆おん祭を初めて行う[年表]。以後，9月17日が式日となる(9月17日執行のみの記事は原則省略)。
1145	久安 元	*12-15* 興福寺大衆，金峰山と戦い，この日までおん祭延引[祭礼]。
1156	保元 元	○*7-11* 保元の乱。
1158	3	この年，興福寺大衆，朝廷による大和国の検注に反対し，武力闘争に及び，おん祭行われず[祭礼]。
1159	平治 元	この年，興福寺大衆，国司不設置と信実流罪を求めて争い，おん祭行われず[祭礼]。
1163	長寛 元	*11-16* 大衆が別当恵信と対立，戦闘となり，この日まで延引[祭礼][略年]。
1168	仁安 3	*9-17* 雨儀にて執行。この日還御し，翌18日に前日行えなかった芸能あり[祭礼][古今]。
1169	嘉応 元	*11-17* おん祭執行[祭礼]。
1180	治承 4	○*12-28* 平重衡，南都を攻撃し興福寺・東大寺を焼く。
1181	養和 元	*9-17* 高倉上皇死去(1月14日)により，諒闇式にて執行[祭礼]。
1184	元暦 元	*2-* 定慶，舞楽面制作[舞楽]。*11-17* おん祭執行[祐重][類聚]。
1185	2	*2-* 印勝，舞楽面制作[舞楽]。
1195	建久 6	○*3-12* 東大寺大仏殿供養。
1196	7	*9-17* 摂津国安満庄下司親村，はじめて流鏑馬を勤仕[類聚]。
1207	承元 元	*11-17* 穢気により，この日まで延引[類聚]。
1236	嘉禎 2	*12-17* 石清水八幡と相論，社頭閉門のため延引。この時初めて朝廷から奉幣使が派遣される[年表][祐字]。
1247	宝治 元	*9-17* 競馬の最中に衆徒が喧嘩。清祓・還幸が問題となる[年表]。
1271	文永 8	*8-17* 前年，和束地頭訴訟のため寺僧は寺内から退去，おん祭行われず。この日，前年分として執行[祐字]。*9-17* おん祭執行(文永8年分)[祐字]。
1276	建治 2	*11-17* 高王宗兼不法のため仏事一切停止され，この日まで延

		引[祐字]。
1277	3	***11-17*** この日まで延引，理由同上[祐字]。
1283	弘安6	***2-17*** 前年，訴訟により神木入洛，この日，前年分を執行[古今][祐字]。***5-25*** 臨時祭執行[臨時祭]。***9-17*** おん祭執行(弘安6年分)[祐字][古今]。
1288	正応元	***11-17*** おん祭執行[祐字]。
1291	4	***11-17*** 9月17日の金堂供養延否のことにより，延引[古今][祐字]。
1292	5	***11-17*** 大宮女院(9月9日死去)諒闇により，この日に執行[祐字][諒闇]。
1293	永仁元	***11-17*** おん祭執行。祭礼後，一乗院・大乗院合戦[年表]。
1295	3	***8-17*** 前年，一乗院・大乗院の相論により執行されず，この日，前年分を執行[祐字]。***9-17*** おん祭執行(永仁3年分)[祐字]。
1297	5	***9-17*** 前年，神木動座により行われず，この日前年分を執行[祐字]。([旧記]では11月17日とする。『部類抜書之類』〈福智院家文書〉には永仁4年12月17日の執行関連記事あり)。***12-16*** おん祭執行(永仁5年分)[祐字]([旧記]は17日)。
1299	正安元	***11-17*** おん祭執行[祐字]。
1300	2	***12-17*** おん祭執行[祐字]。
1301	3	***10-25*** 悪党社頭に乱入し神鏡を奪う[年表]。***12-17*** おん祭執行[稿本]。***12-27*** 神鏡帰還[年表]。
1304	嘉元2	***12-17*** 木津から材木が届かないことと神人の訴訟により，この日まで延引[祐字][旧記]。
1305	3	***11-17*** 亀山法皇(9月15日死去)諒闇により，この日まで延引。後日能なし[祐字][諒闇]。
1309	延慶2	***3-***『春日権現験記絵』成立[年表]。
1313	正和2	***9-17*** 前年，多武峰に関する寺訴のため行われず，この日，前年分を執行[祐字][濫觴記]。***11-17*** おん祭執行(正和2年分)[祐字]。
1317	文保元	***11-17*** 伏見法皇(9月3日死去)諒闇により，この日まで延引。後日能なし[古今][諒闇]。
1318	2	***11-17*** おん祭執行[祐字]。
1319	元応元	***11-17*** 造替料所淀関の件により，この日まで延引[祐字]。
1320	2	***11-17*** 神人の辞職騒動により，この日まで延引[祐字]。
1321	元亨元	***11-17*** 悪党の件により神木動座し，この日まで延引[祐字]。
1323	3	***9-17*** 前年分をこの日執行[由来]。***11-17*** おん祭執行(元亨3年分)[由来]。
1326	嘉暦元	***9-17*** 前年分をこの日執行[祐字][由来](大乗院師弟対立が延引の原因か)。***12-17*** おん祭執行(嘉暦元年分)[祐字][由来]。
1334	建武元	○***1-*** 建武の新政。
1336	3	○***11-7*** 室町幕府成立。
1343	康永2	***11-17*** おん祭執行[細々]。

1345	貞和元	***12-17*** 神木動座により，この日まで延引［旧記］。
1349	5	***2-10*** 臨時祭執行（前年11月17日執行予定が，花園法皇〈11月11日死去〉諒闇により延期）［臨時祭］［年表］。
1351	観応 2	○***7-6*** 一乗院と大乗院合戦（観応の確執）。
1352	文和元	***9-*** この月，寺門の意向により，おん祭行われず［細々］。
1353	2	***12-17*** おん祭執行［細々］。
1354	3	***9-27*** 田楽頭役難渋により，この日まで延引。寺門として頭役に銭を助成［細々］。
1355	4	***11-27*** 寺訴により神木動座中，おん祭執行［細々］。
1366	貞治 5	***9-27*** おん祭執行［細々］。
1367	6	***11-27*** おん祭執行［細々］。
1368	応安元	***11-17*** おん祭執行［細々］。
1370	3	***2-*** おん祭執行（前年分か）［細々］。
1375	永和元	***3-17*** おん祭執行（前年分か）［細々］［略年］。***9-17*** おん祭執行（永和元年分か）［細々］。
1382	永徳 2	***9-27*** おん祭執行［細々］。
1383	3	***11-27*** おん祭執行［古今］［細々］。
1384	至徳元	***4-***『長川流鏑馬日記』成立。
1385	2	***11-17*** おん祭執行［年表］。
1386	3	***11-28*** おん祭執行［細々］。
1387	嘉慶元	***5-25*** 臨時祭執行［年表］［稿本］。***11-27*** おん祭執行［細々］。
1388	2	***6-1*** 臨時祭執行［細々］。***11-27*** おん祭執行［細々］。
1390	明徳元	***3-12*** おん祭執行［雑］（前年分か）。
1391	2	***9-15*** 足利義満南都下向し，17日におん祭見物［年表］。
1392	3	○閏***10-5*** 南北朝合一。
1395	応永 2	***11-17*** おん祭執行［東院］。
1396	3	***11-27*** おん祭執行。雨のため後日能は29日［東院］。
1398	5	***11-27*** おん祭執行。流鏑馬の時に喧嘩，死者が出る［古今］。
1400	7	***9-12*** 足利義満，おん祭の寺門助成を翌年から禁止する［文書 1］［大日］（［文書 1］は応永 8 と推定）。
1401	8	***11-17*** おん祭執行［多］。
1402	9	***7-25*** 足利義満，田楽頭役ひとり2000疋の助成を認める［文書 1］。***9-27*** おん祭執行［雑］。
1403	10	***11-27*** おん祭執行［東院］。
1407	14	***11-26*** おん祭執行［年表］。
1408	15	***11-27*** おん祭執行［東院］。
1410	17	***11-27*** おん祭執行［東院］。
1413	20	***11-17*** 軍勢が多く集まるなか，おん祭執行。後日能は戌亥脇党が警固［東院］。

1414	21	***11-26*** 良英律師遠忌のため一日繰り上げ執行。一乗院良兼死去により後日能なし[東院]。
1415	22	***11-17*** おん祭執行[東院]。
1416	23	***11-27*** おん祭執行。千鳥祐字はこのころ式日が11月27日になったとする[祐字]。
1418	25	***11-17*** おん祭執行[東院]。
1420	27	***11-27*** おん祭執行。雨のため後日能は12月1日[由来]。
1421	28	***11-27*** おん祭執行[東院]。
1422	29	***11-27*** おん祭執行[稿本]。
1423	30	***11-27*** おん祭執行[由来]。
1424	31	***11-27*** おん祭執行[由来]。
1426	33	***11-27*** おん祭執行[東院][神殿守]。以後，式日は原則として11月27日となるので，この日の執行については記事を省略する。
1428	正長元	○***9-18*** 正長の土一揆。
1429	永享元	***9-22*** 足利義教南都下向し，27日におん祭見物[雑]。
1430	2	○***6-*** 大和永享の乱はじまる(1440年まで)。
1433	5	***12-17*** 後小松法皇(10月20日死去)諒闇により，この日まで延引。16日の頭屋の能と18日の後日能は中止[雑][旧記]。
1434	6	この年，足利義教の上意により，おん祭行われず[古今]。
1435	7	***12-16*** 足利義教により，若宮神主千鳥祐位解任される。17日のおん祭は正預辰市祐時が若宮神主を兼帯して執行[古今][補任]。
1441	嘉吉元	***11-28*** おん祭執行[稿本]。
1460	寛正元	***11-27*** 大乗院尋尊田楽頭役を勤める[雑]。
1464	5	***5-17*** 前年から兵庫関・越前国河口庄等について寺訴のため寛正4年分をこの日執行[雑]。***11-27*** おん祭執行(寛正5年分)[雑]。
1465	6	***9-21*** 足利義政南都下向し，27日おん祭見物[雑]。
1466	文正元	○***9-22*** 大和国内で土民蜂起。
1467	応仁元	***3-17*** 前年の戦乱・土民蜂起により，文正元年分をこの日執行[雑]。○***5-26*** 応仁・文明の乱始まる。
1469	文明元	***12-27*** 番条氏の事につき学侶が抑留し延引[雑]。
1471	3	***11-26*** 田楽頭役覚乗律師父正忌日のため1日引上げて執行(覚乗は檜皮院坊主・平等坊伯父)[雑]。
1480	12	***5-27*** 前年の11月，戦乱で敵方の路次封鎖のため願主人が奈良入りできず，越智家栄が警固してこの日執行[雑]。***11-27*** おん祭執行(文明12年分)[雑]。
1483	15	***3-17*** 願主人が決まらず，文明14年分をこの日執行[雑]。***11-27*** おん祭執行(文明15年分)[雑]。
1490	延徳2	***12-17*** 田楽頭役が決まらず，この日まで延引[雑]。
1492	明応元	***12-17*** 田楽頭役が決まらず，この日まで延引[雑]。

1497	6	***12-17*** 国人の戦乱(古市・越智の没落と筒井の復帰)により，この日まで延引[雑]。
1499	8	○***10-26*** 大和国人和睦し，一揆。○***12-28*** 赤沢朝経，大和国に侵入。
1500	9	赤沢朝経侵入による混乱のため，この年から文亀2年までおん祭行われず[文亀元][由来]。
1504	永正元	***2-19*** 文亀3年11月に執行予定，しかし国中混乱のため12月27日に延引，さらに棟別銭が集まらなかったためこの日執行[年表][文亀年中][由来]。***12-17*** おん祭執行(永正元年分)[雑][文亀年中][由来]。
1514	11	***2-25*** おん祭執行(永正10年分か)[略年]。***12-17*** おん祭執行(永正11年分)[大日]。
1516	13	この年，筒井順興と古市氏の衆徒の棟梁の地位をめぐる争いのため，おん祭行われず[祐維]。
1518	15	***3-29*** 筒井順興，足利義稙から棟梁の地位を獲得，永正13・14年分両度の執行を命じられ，この日執行[祐維]。***11-27*** 平田・長川，林堂・畠山順光の押暴によりおん祭延引[祐維]。***12-7*** 学侶12月中の執行を決議し，執行のため筒井順興上洛[祐維]。
1519	16	***12-1*** 衆中，12月17日のおん祭執行を指示(執行されず)[衆中]。
1520	17	***4-11*** 衆中，おん祭執行を別会五師へ指示[衆中]。
1521	大永元	***11-27*** おん祭執行[祐維]。
1527	7	***12-17*** 将軍家・細川家の京都での戦乱の余波により，この日まで延引(27日ともあり)[由来]。
1528	享禄元	この年，柳本賢治・三好神五郎・赤沢新兵衛の大和国乱入により，おん祭行われず[大永]。
1531	4	***5-27*** おん祭執行(享禄3年分)[祐維]。***11-27*** おん祭執行(享禄4年分)[祐維]。
1533	天文2	この年，十市と箸尾の不和により，11月式日延引，12月17日も延引し，おん祭行われず[祐維][衆中][祐字]。
1535	4	***6-27*** おん祭執行(天文3年分)[旧記]。 ***12-7*** おん祭執行(天文4年分)[旧記]。
1536	5	○このころ，木沢長政，大和国の支配を強める。
1537	6	***5-27*** おん祭執行(天文5年分)，十市遠忠が願主人となる[衆中][文書4][祐金]。天文6年分(11月27日)のおん祭は「南方物忩」(木沢と越智の戦)のため行われず[衆中]。
1538	7	***11-27*** おん祭執行[衆中]。
1540	9	***12-17*** 流鏑馬頭役が決まらず，この日まで延引[衆中]。
1541	10	***11-27*** 金春・金剛両座，座次をめぐり相論[多](天文17年に決着)。
1548	17	***12-7*** 筒井順昭が人質を出しておん祭執行[衆中]。
1550	19	***12-2*** 衆中，お渡りに参加しなかった神子を処罰[衆中]。
1559	永禄2	***8-8*** 松永久秀，筒井郷を放火，順政は山城国へ逃げる[祐磯]。こ

		の年，おん祭行われず[略年]。
1560	3	*11-27* おん祭執行[祐礒]。
1565	8	○*11-18* 筒井順慶，松永久秀に攻められ河内国布施へ逃れる。この年，おん祭行われず[略年]。
1566	9	*11-27* 伶人の芝家が処罰され，天王寺から伶人が来て抜頭を奉仕[祐礒]。
1567	10	○*10-10* 東大寺大仏殿焼失。この年より天正3年(1575)までおん祭行われず[多]。
1576	天正4	*11-27* 9年間の中断を経ておん祭復興。元別当喜多院空実の諒闇中にもかかわらず，頭屋の能・後日能を行う[多]。
1580	8	この年，おん祭行われず(大和指出による)[多]。
1581	9	*11-26* 柳生厳勝が願主人となり，父柳生宗厳が惣奉行として供物送状を出す[送物]。
1585	13	○閏*8-18* 筒井定次，伊賀国へ国替。○*9-3* 豊臣秀長，郡山入城。*11-27* 豊臣秀長によりおん祭が行われる。五師のお旅所仮屋は秀長らの座所になり，松の下にも仮屋が作られて秀長が行列を検知[多]。
1586	14	*11-29* 後陽成天皇即位式(25日)のため，この日おん祭執行[多]。
1590	18	*6-3* 豊臣秀長から米300石の寄進を受け，その利息を田楽頭役の助成とする[多][由来]。
1593	文禄2	*11-28* 後日能に観世・宝生・金春・金剛の四座が久しぶりにそろう[多]。
1595	4	○*8-* 大和国惣国検地。
1597	慶長2	*11-* お旅所南側の仮屋をもとのごとく五師の仮屋とする[蓮]。
1600	5	○*9-15* 関ケ原の合戦。*11-27* 奈良に入った徳川家康家臣大久保藤十郎に訴え，松の下の仮屋を取り払わせる[祐範]。
1602	7	*11-27* 宝蔵院胤栄，豊臣方福島兵部の松の下見物での不作法を注意[祐範]。
1603	8	○*2-12* 江戸幕府成立。
1607	12	この年，奈良代官鈴木重春，願主人・細男に装束料を与える。以後幕府からの寄進慣例となる[庁26]。
1611	16	*8-* 江戸幕府，願主人の屋敷地などの年貢を免除する[屋敷]。
1613	18	○*8-22* 中坊秀政，奈良奉行として奈良に入り春日社参[祐範]。
1614	19	*11-27* 大坂冬の陣中，おん祭執行[祐範]。
1615	元和元	○*5-7* 大坂落城。○*7-21* 水野勝成郡山城主となる。
1619	5	*9-17* 幕府，おん祭の御殿木・掛物を大和一国に賦課することを認める[大日]。○*10-* 松平忠明郡山城主となる。
1620	6	*11-27* 阿茶局，松の下の仮屋で祭礼を見物する[年表]。
1635	寛永12	*11-27* 郡山藩・高取藩・小泉藩下の細男，年貢未進により欠け

		落ち，奈良奉行中坊秀政のとりなしで奉仕[衆中]。
1639	16	***4-18*** 本多政勝，19万石で郡山城主となる。本多家はおん祭に槍300本を奉仕[庁35]。
1640	17	***11-27*** 幕府，退転していた随兵具足を復興[衆中]。
1641	18	***11-27*** 明正天皇の舞楽装束寄進により，太平楽を追加奉納[衆中][年表]。
1642	19	***11-27*** 奈良の西方から火事が起こり，おん祭見物の柳生宗矩が駆け付ける。一乗院は全焼[炎上]。
1654	承応3	***11-28*** 後光明天皇（9月20日死去）諒闇により，後日能を二番減らす[庁34]。
1657	明暦3	***11-27*** 京都所司代牧野親成・旗本平野長勝，おん祭見物。奈良奉行中坊時祐が雑人をたたき死亡させる。スリに対する注意を喚起[衆中]。
1662	寛文2	***6-7*** 幕府，薪能・おん祭の両神事への参勤仕法と料米500石の支給を定める[能楽]。
1663	3	***2-22*** 春日社家，若宮拝殿の仏具の除去を奈良奉行所へ訴える[年表]。***11-28*** この年の後日能から，湿った舞台に床を敷くようになる。床は奈良奉行所が用意[庁35]。
1664	4	***4-4*** 奈良奉行に土屋利次任命[庁25]。これに伴い，奉行の後ろを警護していた十津川郷士は参勤をやめ，のちにたばこ屋が奉仕するようになる。
1665	5	この年，幕府，大宿所の費用を現米200石と定める[庁34]。
1669	9	***10-9*** 後水尾法皇・明正上皇・後西上皇・霊元天皇，舞楽面を奉納する[舞楽]。
1673	延宝元	この年より，奈良奉行溝口信勝，土屋利次の時に整備された御蔵槍160本を100本に減らし，60本の費用で槍持ちの装束を整える（天和2年より元に戻す）[庁26]。
1679	7	***6-26*** 松平（藤井）信之，郡山城主（7万8000石）となる。松平家の槍数は100本となり，津（藤堂）藩・高取（植村）藩も槍を奉仕するようになる[庁35]。
1680	8	***6-*** 春日社家，『春日社年中行事』（春日大社蔵）を作成。閏***8-*** 藤所鵜烏，『春日神社記』（天理図書館蔵）を作成。
1683	天和3	***11-22*** 幕府の倹約令により華美を戒める[二条][薪]。***11-24*** 興福寺僧，松の下の渡りを馬出橋まで延ばすよう寺務・奈良奉行に願い出るが認められず[二条]。
1685	貞享2	***11-*** 秋葉祭流行に端を発する新規祭礼禁止の触れにより，質素に行う[薪]。
1694	元禄7	***11-27*** この年より，警固のたばこ屋，刀差を許される[庁26]。
1698	11	***11-27*** この年より，御蔵槍160本を100本とし，槍持ちの羽織を

		整える(宝永6年元に戻す)[庁35]。
1709	宝永6	***8-*** 興福寺明王院宣慶『春日祭礼興福行事』(絵巻3巻)を作成。
1712	正徳2	***12-27*** 徳川家宣死去(10月14日)により,この日まで延引。後日能なし[引書]。
1713	3	***11-27*** 別願舞楽として,央宮楽・敷手を奉納。
1717	享保2	○***正-4*** 興福寺中金堂・講堂・南円堂など焼失。
1730	15	***10-*** 藤村惇叙,『春日若宮御祭礼松之下行列図』出版。
1732	17	***11-1*** 霊元法皇(8月6日死去)の諒闇により,この日に氷室祭があり縄棟を執行[英乗]。
1734	19	藤村惇叙「春日若宮御祭礼松下図」(一枚刷)出版。
1740	元文5	***5-*** 村井古道『南都年中行事』成立。
1742	寛保2	***5-*** 藤村惇叙,『春日大宮御祭礼略記』『春日若宮御祭礼略記』を作り,『松下行列図』とあわせて『春日大宮若宮御祭礼図』を完成。***11-*** 松の下奈良奉行の桟敷うしろに休所を作る[休所]。
1778	安永7	***10-*** 河内屋喜兵衛,『絵本春日詣』出版。
1779	8	***11-28*** 後桃園天皇(10月29日死去)諒闇により,後日能なし[臨一]。
1840	天保11	***11-28*** 光格上皇(11月19日死去)諒闇により,後日能なし[臨一]。
1846	弘化3	***11-27*** 奈良奉行川路聖謨,松の下に出仕[川路2](弘化4年にも見物)。
1857	安政4	***11-*** 森川杜園大宿所絵師職となる[森川]。
1858	5	***11-27*** 伴林光平おん祭を見物[伴林]。
1862	文久2	***正-4*** 春日社第四殿神鏡落御[年表]。***3-4*** 第三殿神鏡落御[年表]。
1863	3	○***8-17*** 天誅組の変。
1865	慶応元	***2-18*** 春日祭旧儀復興,倭舞奉納[芝]。***11-21*** 陪従の装束が衣冠から束帯に,その従者の素襖は雑色に改められる[芝]。
1867	3	○***12-9*** 王政復古の大号令。
1868	明治元	○***正-3*** 戊辰戦争。***3-28*** 神仏判然令出る。興福寺一山還俗。***4-*** 大和士(願主人),大和国鎮撫総督府に地位保全を願い出る[維新]。大和士が御殿木の徴発,大宿所費用200石を管理するようになる。***11-27*** 倭舞が神前行事に加わるなど,大きな変化が起こる[芝]。十津川郷士,おん祭の警固に当たる。
1870	3	***8-18*** 大和士,松園家(旧大乗院)に『大宿所若宮祭式事件幷品書』提出。***10-*** 同書と春日社提出書類をあわせ神祇官へ提出[祭式][図解]。閏***10-15*** 神祇官,従来通りのおん祭は本年限りと通達。***11-7*** 太政官雅楽局設置により南都楽所廃止。
1871	4	○***正-5*** 寺社領上知。○***5-14*** 神職精選補任。○***7-14*** 廃藩置県。***11-23*** 下行米が従来の半分の100石となる。
1872	5	***11-13*** 下行米50石となる。有名無実の行事廃止の方針。***11-28*** 改暦に伴い,後日能中止。

1873	6	***12-10*** おん祭のために広く寄付を求めることが許される。 ***12-17*** おん祭執行。このころ，お渡りに相撲・倭舞が加わる。
1874	7	***6-3*** 芝葛忠，氷室社に保管されていた舞楽装束を春日社に奉納。 ***11-27*** この年より，日を変更して執行。
1878	11	***12-17*** この年より，日を変更して執行。この日のお渡りは木辻方面に向かう。
1879	12	***5-21*** 春日講社，堺県から認可。
1884	17	***10-3*** 春日保存会設立伺提出。
1886	19	このころ，「神楽式」創作。
1887	20	このころ，安寧会設立。
1892	25	○***2-*** 大阪鉄道奈良・湊町間全通。***11-15*** 春日保存会大阪第一番真鏡組結成。
1897	30	***11-7*** この年より，日を変更して執行。郡山藩奈良入再興。
1898	31	○***2-1*** 奈良市誕生。
1900	33	***11-21*** 奈良市長を委員長とする祭務委員会発足，おん祭奈良市祭となる。***12-17*** この年より，日を変更して執行。
1904	37	***12-17*** 京都時代祭の徳川城使上洛列を行列に加える。
1910	43	***12-9*** 春日奉讃会発足。
1911	44	***12-17*** 郡山藩の行列復活。
1914	大正 3	○***4-30*** 大阪電気軌道上本町・奈良間開通。***12-11***「春日若宮祭旧儀参勤規程」承認。***12-17*** お渡り，県庁前から雲井坂・油留木・東向・樽井の順に進む。
1921	10	***12-15*** 大宿所での湯立復興。
1931	昭和 6	この年，江見清風宮司により行列の調査・整備[奈新]。
1932	7	***6-21*** 春日古楽保存会発会式。***11-29*** 大阪南海高島屋でおん祭展覧会[笠置]。***12-17*** お渡り行列，角振町から椿井町方面へ進む[奈新]。
1933	8	***12-17*** お渡り行列，奈良公園を出発し，大軌奈良駅・油阪駅・省線奈良駅・三条通りの行路に変更される。
1937	12	***12-17*** 日中戦争に伴って武運長久旗が出される[大和]。
1941	16	***12-17*** 真珠湾攻撃に伴い規模縮小。***12-18*** 宣戦報告祭。
1944	19	***12-17*** お渡り中止[奈日]。
1945	20	○***8-15*** 終戦の玉音放送。***12-17*** おん祭執行も雨のためお渡り中止[奈日]。
1946	21	***12-*** 祭儀を春日大社，そのほかを奈良市文化協会が運営。
1949	24	***12-*** この年発足した奈良市観光協会が協賛となる[谷井]。
1951	26	***11-1*** 奈良県，「奈良市春日大社おん祭の行事」を無形文化財に指定[朝日]。
1952	27	***3-29*** おん祭の舞楽・田楽，国の「助成の措置を講ずべき無形文化財」に選定[笠置]。

1953	28	*3-* おん祭全体が「助成の措置を講ずべき無形文化財」に選定[朝日]。
1957	32	*12-17* お渡りの番外行列一新[タイ]。
1969	44	*12-17* 近鉄の地下移設工事に伴い，国鉄奈良駅からお渡り出発[朝日]。
1975	50	*12-8*「春日若宮おん祭の芸能」，記録作成等の処置を講ずべき無形の民俗文化財に選定。
1979	54	*2-3*「春日若宮おん祭の神事芸能」，国の重要無形文化財に指定。 *12-17* 大名行列保存会，奉仕始める。
1980	55	*7-4* 春日若宮おん祭保存会発足。
1981	56	*12-17* お渡り，県庁前出発に復旧。
1985	60	*12-17* 若宮850年記念祭。装束賜式・交名・流鏑馬など復興。
1988	63	*12-17* 昭和天皇の病気のため，行事の一部を略す。
1989	平成元	*12-17* 昭和天皇(1月7日死去)諒闇により，先行行列中止。
2000	12	*12-18* 香淳皇后(6月16日死去)諒闇により，後日能中止。
2003	15	*12-17* 若宮御出現一千年記念として，素合御供・頭屋児など復興。お旅所芝舞台に雨天用幄舎設置。

・主要な史料の名称([略称])，出典・所蔵などは以下の通り。

[大日]『大日本史料』／[雑]『大乗院寺社雑事記(日記目録を含む)』／[多]『多聞院日記』／[蓮]『蓮成院記録』／[祐範]『中臣祐範記』／[文書1]『春日大社文書1』／[文書4]『春日大社文書4』／[川路2]『川路聖謨文書2』／[伴林]『伴林光平全集』／[図解]『春日社若宮祭図解』／[年表]『春日大社年表』／[補任]『春日社司補任記』／[舞楽]『平安の雅を伝える春日舞楽の名宝』／[能楽]『能楽と奈良』／[谷井]『谷井友三郎伝』／[奈日]『奈良日日新聞』／[朝日]『朝日新聞(奈良版)』／[大和]『大和日報』／[奈新]『奈良新聞』／[タイ]『大和タイムス』／[笠置]『雅楽と奈良』

[祭礼]「若宮祭礼記」(『神道大系　神社編13春日』・福原敏男『祭礼文化史の研究』)／[祐重]「中臣祐重記」(『春日社記録1』／[神殿守]「春日若宮神殿守記」(『続群書類従』2上　神祇部)／[略年]「興福寺略年代記」(『続群書類従』29下　雑部)／[臨時祭]「弘安六年臨時祭記写」[臨時祭]「貞和五年臨時祭記」[濫觴]「濫觴記」(以上，『神道大系　神社編13春日』)／[細々]「細々要記抜書」(『大日本仏教全書興福寺叢書2』)／[文亀年中]「文亀年中記写」(『中世後期南都蒐蔵古典籍の復元的研究』)

[古今]「古今最要抄　若宮祭礼条々」[由来]「興福寺由来其他記」[文亀元]「文亀元年記」[祐維]「祐維記」[大永]「大永八年記」[祐磯]「祐磯記」[祐金]「祐金記」[旧記]「旧記抜書　若宮祭礼之条々」(以上，春日大社蔵)／[庁25]「和州志　庁上」[庁26]「和州志　庁下」[庁34]「春日若宮祭礼記上」[庁35]「春日若宮祭礼記下」(以上，玉井家文書庁中漫録，奈良県立図書情報館写真帳による)。ただし[庁34]に収められる[祐字]「祐字注文」[諒闇]「諒闇延引例」は個別に掲出。／[英乗]「英乗日記」[東院]「東院家毎日雑記」(以上，興福寺蔵)／[衆中]「衆中引付」(16世紀の史料は『寺社史料と近世社会』参照，17世紀の史料は竹林家文書・旧井坊家文書で奈良市立史料保存館マイクロフィルムによる)／[送物]「春日若宮祭送物目録」(手向山八幡宮文書)／[屋敷]「和州春日御祭礼願主人屋敷帳」(石川武美記念図書館蔵)／[類聚]「類聚世要抄(レクチグラフ)」[稿本]「史料稿本」(以上，東京大学史料編纂所蔵)／[二条]「日々記抜書(二条家)」[炎上]「一乗院御門跡炎上の記」[芝]「芝家日記」[引書]「大乗院御記引書目録」[休所]「春日おん祭大鳥居側御休ミ所新設図」([森川]「森川杜園大宿所絵師願」(以上，天理大学附属天理図書館蔵)／[臨一]「春日若宮御祭礼臨時書抜一」(京都大学橋本家文書)／[祭式]「春日若宮祭式」(国立国会図書館蔵)／[薪]「春日若宮御祭礼薪御能之記」(法政大学能楽研究所寄託)／[維新]「維新に付大和士口上覚」(個人蔵)

参考文献

朝倉弘『奈良県史11　大和武士』名著出版，1993年
朝倉弘「大和国司興福寺考２」『奈良史学』15，1997年
安達正興『宇宙菴吉村長慶－幕末の奈良まちに生まれた奇豪－』奈良新聞社，2011年
天野文雄『現代能楽講義－能と狂言の魅力と歴史についての十講－』大阪大学出版会，2004年
天野文雄「本山派修験寺院と本座田楽」川崎剛志編『修験道の室町文化』岩田書院，2011年
新井恒易『続中世芸能の研究』伊集院俊隆発行，1974年
飯田道夫『田楽考』臨川書店，1999年
池田弥三郎「春日若宮の御祭」『芸能』岩崎美術社，1977年
伊藤磯十郎『田楽史の研究』吉川弘文館，1986年
岩坂七雄「明治期の春日若宮祭－春日講社関係版本の紹介－」『元興寺文化財研究』63，1999年
上田正昭『春日明神』筑摩書房，1987年
近江昌司「奈良田楽頭役考」『国史学』67，1956年
近江昌司「奈良田楽座に就いて」『天理大学学報』48，1966年
大宮守友『近世の畿内と奈良奉行』清文堂出版，2009年
岡本敏孝『見聞・大名行列－春日若宮おん祭と全国の大名行列－』岡本敏孝発行，2003年
押田良久『雅楽鑑賞』文憲堂，1969年
表章『能楽と奈良』奈良市，1980年
表章『大和猿楽史参究』岩波書店，2005年
折口信夫「春日若宮御祭の研究」『折口信夫全集第17巻　芸能史篇１』中公文庫，1976年
笠置侃一『雅楽と奈良』奈良市，1980年
春日大社編『春日大社年表』春日大社，2003年
春日大社宝物殿編『平安の雅を伝える春日舞楽の名宝－舞楽面・舞楽装束・雅楽器－』春日大社宝物殿，2010年
春日若宮おん祭保存会編『春日若宮おん祭史料叢書第一輯　春日社若宮祭図解』春日若宮おん祭保存会，1993年
河内将芳『祇園祭と戦国京都』角川書店，2007年
川端新『荘園制成立史の研究』思文閣出版，2000年
元興寺文化財研究所編『春日大社の板木』元興寺文化財研究所，2003年
北村信昭『奈良いまは昔』奈良新聞社，1983年
木村博一・安彦勘吾『谷井友三郎伝』谷井友三郎伝記刊行会，1981年
財団法人春日顕彰会編『春日田楽・細男調査報告』財団法人春日顕彰会，1976年

財団法人春日顕彰会編『和舞・社殿神楽の伝承並びに比較調査報告書』財団法人春日顕彰会，1989年
財団法人神道大系編纂会編『神道大系　神社編13　春日』永島福太郎校注，神道大系編纂会，1985年
佐藤小吉『春日の祭』鹿鳴荘，1928年増補再版
末柄豊「国立公文書館所蔵『文亀年中記写』」科学研究費補助金研究成果報告書『中世後期南都蒐蔵古典籍の復元的研究』（研究代表者・武井和人），2006年
杣田善雄『幕藩権力と寺院・門跡』思文閣出版，2003年
仲川明・森川辰蔵編『奈良叢記』駸々堂書店，1942年
中川学「近世の触穢観念と神社・祭礼」井上智勝他編『近世の宗教と社会２　国家権力と宗教』吉川弘文館，2008年
永島福太郎・花山院親忠・三隅治雄・笠置侃一・児島健次郎『祈りの舞－春日若宮おん祭－』東方出版，1991年
中本宏明『奈良の近代史年表』中本宏明，1981年
奈良公園史編集委員会『奈良公園史』奈良県，1982年
奈良国立博物館編『特別陳列　おん祭と春日信仰の美術』平成18～27年度，財団法人仏教美術協会，2006～15年
奈良市教育委員会編『奈良市歴史資料調査報告書(21)－春日若宮祭礼田楽座史料－』奈良市教育委員会，2005年
奈良市教育委員会編『奈良市歴史資料調査報告書(22)－大宮家所蔵　春日若宮祭礼大宿所関係史料－』奈良市教育委員会，2006年
奈良市教育委員会編『春日若宮おん祭の神事芸能』奈良市教育委員会，1982年
奈良市史編集審議会編『奈良市史　通史３』吉川弘文館，1988年
奈良市史編集審議会編『奈良市史　通史４』吉川弘文館，1995年
奈良市役所『奈良市史』奈良市役所，1937年
橋本裕之『春日若宮おん祭と奈良のコスモロジー』東京外国語大学アジア・アフリカ言語文化研究所，1986年
幡鎌一弘『寺社史料と近世社会』法藏館，2014年
福原敏男『祭礼文化史の研究』法政大学出版局，1995年
堀川佐一郎『春日若宮祭略記』 1939年
牧野英三『日本わらべ歌全集　17上　奈良のわらべ歌』柳原書店，1983年
宮武佐十郎『春日若宮おん祭と猿楽』宮武佐十郎，1939年
村井古道(喜多野徳俊訳・注)『奈良坊目拙解』綜芸社，1977年
村井古道(喜多野徳俊訳・注)『南都年中行事』綜芸社，1979年
安田次郎『中世の興福寺と大和』山川出版社，2001年
安田次郎「室町殿の南都下向」『文学』11－1，2010年
柳沢文庫専門委員会『大和郡山市史　本編』大和郡山市役所，1966年

大和芸能懇話会編『春日若宮おん祭』第１～31集，春日若宮おん祭保存会，1985～2015年
横山健堂『日本相撲史』富山房，1943年
『奈良実業協会四十年』（刊行年不明）

写真所蔵・提供者一覧（敬称略・五十音順）

池坐神社・著者撮影　p.43下
一般財団法人 春日若宮おん祭保存会　p.25，169右，172
入江泰吉記念奈良市写真美術館　p.165中・左
大阪府立中之島図書館　p.97
春日大社　口絵①⑥，p.66，92下，117上・下，121上，124，128中・下，137上，139上
春日大社・奈良国立博物館　p.108上右
片岡彦左衛門・宇陀市教育委員会　p.86下
宮内庁三の丸尚蔵館　p.5，15，20，22
公益財団法人 阪急文化財団 逸翁美術館　p.51
興福寺・飛鳥園　p.55
国立公文書館　カバー裏，口絵③～⑤，p.86上，102下，108上左，108下，109上，112下，114下，121中，126，128上，139中，139下右・下左
国立国会図書館　p.61
春岳院・大和郡山市教育委員会　p.79
田中重・中央公論新社　p.49中・下
地域情報ネットワーク　口絵⑦，p.105中，114上，145左，148，151左
伝香寺・奈良市教育委員会　p.77
天理大学附属天理図書館　口絵⑧，p.19，92上，99，101，102上右・左，105上，107右，109下，112上，114中，121下，125，131，133，137下
東京国立博物館・Image：TNM Image Archives　カバー表，p.145右
奈良県　p.182
奈良県立図書情報館　p.98，151右
奈良県立美術館『没後百年記念　19世紀奈良の異才　森川杜園展』より　p.107左
奈良県立民俗博物館　p.165右
奈良日日新聞社　p.166左，169左
南市町自治会・奈良国立博物館　口絵②
弥富市歴史民俗資料館　p.166右
与楽寺・著者撮影　p.43中
著者撮影　p.105，181